后浪

讲
谈
社

诸
子
的
精
神

庄
子
内
篇
读
本

［日］**福永光司** 著

王梦蕾 译

北京联合出版公司
Beijing United Publishing Co.,Ltd.

新订版序

这本《庄子》在十年前，也就是昭和三十一年 [1] 时，有幸作为旧版中国古典选 [2] 中的一册而出版。在那之后，又有过数次再版，每次我都做了些许订正。如今，新订中国古典选发行在即，本书也作为《庄子》部分的第一册，参与其中。之所以称之为"第一册"，是因为除《内篇》之外，还会有两本全新的分册，分别介绍《外篇》与《杂篇》。也就是说，整个《庄子》被分为三部分，独立成册，分别发售。

得知新订版的消息时，我本想尽量对旧版内容进行一次大幅度的校对订正，以对得起它"新订"之名。但一来由于《外篇》与《杂篇》的注解工作颇为繁重，时间上没有太多的富余；二来，要将旧版《庄子》彻头彻尾地修订一番，本身又是难度十分大的一项任务。到头来也还是止步于一些鸡毛蒜皮的

---

1 昭和三十一年，公元 1956 年。本书脚注如无特别指出，均为译者注。
2 "中国古典选"是日本朝日新闻社于 1956 年出版发行的丛书，并于 1966 年以"新订中国古典选"为名再版刊行。——编者注

改动而已。

旧版《庄子》作于十几年前。彼时我正在大阪的北野高等学校任职，由于种种原因，我曾为自己也许不得不放弃学术生涯而忧心不已，故提笔写了这本书，权当是为那个曾经一心向学的自己立上一块墓碑。那时候我住在京都，每日上班则在大阪[1]，且每周都要负责二十多个课时，也没有太多的时间用来写作，这本书很多内容都是深夜里在学校的值班室完成的。至于注解，更多的是我自身对《庄子》的理解，并不拘泥于学术（语言）上的形式。在原文的训读文[2]中我采用的方式极为灵活，甚至有些通过字面便能会其大意的简单内容，我都未加以太多的说明。当然，这种注解的方法有其所长，亦有所短。我借着这次再版的机会，希望能够补足这块短板，如果条件允许，我甚至想让它与新版的《外篇》《杂篇》实现文体上的统一。但是，不论优缺，旧版《庄子·内篇》对我来说都是一个完整的"有生命的混沌"[3]。要想从根本上做出改动，对现在的我来说并非易事。所以我只好用一些皮毛的改动，挂"新订"之名，行羊头狗肉之实了。

这些改动多是些不足一提的，有些是对旧版 257 页释义

1　京都与大阪间的直线距离约 43 公里。

2　训读文，指汉文训读文，用日文语法书写、解读汉文的一种体裁。

3　"混沌"，也写作"浑沌"，出自《庄子·应帝王》，见本书第 272 页。——编者注

中不太恰当之处的修正（如《德充符》中将"不得类"[1]解释为"不同，非同类"，新版中修正为"属性不同，或种类不同。此处指生者与死者各自属于不同世界"）。另外，新版中释义多用平假名，相对容易理解一些；文中的诗（如《大宗师》[2]）在引用原文处增加了说明，明确该处内容为诗歌。以及在需要之处添加了参考论文的出处等。以上这些算是与旧版的不同之处。

福永光司

昭和四十年十二月三十一日

---

1 指《德充符》中"不见己焉尔，不得类焉尔"一句。
2 指《大宗师》中对"嗟来桑户乎！嗟来桑户乎！而已反其真，而我犹为人猗！"之处的说明。

目　录

逍遥游 第一

逍遥游，即逍遥而游。意为无拘无束，绝对自由的生活。庄子[1] 称此种绝对自由之人为"至人"，即极至之人；或是超脱于俗世之外的"神人"。《逍遥游》中，庄子以他独创的、神来天外般的比喻，以及他机智纵横的文笔，描写了这些至人或神人不被拘束、自由自在的境界。

北冥有鱼，其名为鲲。鲲之大，不知其几千里也。化而为鸟，其名为鹏。鹏之背，不知其几千里也。怒而飞，其翼若垂天之云。是鸟也，海运则将徙于南冥。南冥者，天池也。

庄子对逍遥游的描绘，以鲲鹏的故事开始。

世界极北之尽头，是一片泛着深黑滔天巨浪的北极之海。

---

1 庄子（约公元前369—前286），姓庄名周，道家学派主要代表人物之一。与老子并称"老庄"。

大浪之上可见一条身长不知有几千里的大鱼，其名为鲲。随着岁月流走，这巨大的鲲在那神秘的七彩极光之下迎来了化形的庄严时刻。它变成一只巨大的鸟，其翼展亦是不知有几千里之宽。"怒而飞，其翼若垂天之云"，指这只名为鹏的巨大飞禽若是奋起而飞，翱翔于天际，它的翅膀之宽，犹如空中之云，遮天蔽日。然而"鲲"一字原为"鱼子"之意，即鱼产下的卵（《尔雅·释鱼》[1]）。庄子将这本该是渺小至极的"鲲"，用来命名北极冥海中那巨大的鱼，甚至这巨大的鱼还可以变化为翅可遮天的大鸟（鹏）。庄子开篇便超出了人们的想象，仿佛是在嘲笑人们的肤浅一般，超脱于常识之外，飞扬在无限的时空之中。"海运"很可能是将季风气候带来的海浪的季节性变化视为海洋本身的运动。有着遮天之翼的大鹏若想从世界极北之海去到世界南端的海域，就需要一股能够吹动整个海洋的飓风来借力。

齐谐者，志怪者也。谐之言曰："鹏之徙于南冥也，水击三千里，抟扶摇而上者九万里，去以六月息者也。"

---

1 《尔雅》，中国辞书之祖，儒家的十三经之一。《尔雅·释鱼》，是《尔雅》的第16篇。

　　"齐谐[1]"为人名。齐谐此人，以及此人关于鲲鹏的记述，大多出自庄子的想象（齐谐二字本义为世界的和谐统一）。"志"同"知"，指知道。庄子起笔便极力渲染鲲鹏的庞大，给了那些拘泥于世间常识的人一记下马威。同时，庄子更是预料到这些人的震惊、恐惧以及怀疑，故将齐谐引为出处，以示自己所写并非信口雌黄——"我说的这些鲲鹏的故事并无半点虚言，毕竟连那个一生致力于记述世间奇异之事的齐谐都曾写过这鹏的样子"。"鹏之徙于南冥也，水击三千里，抟扶摇而上者九万里，去以六月息者也"——值得注意的是，庄子一本正经地写下"谐之言曰"四字，将莫须有之人引作了经典。而这还只是表象，本质则在于他对当时诸学者考证成癖、死板教条的调侃与讽刺（鲁迅爱读庄子，在其作品《阿Q正传》的开头，也用了相同的手法）。庄子用鲲鹏震惊世人，又引齐谐之说嘲笑他们固守前人典籍，画地为牢。"水击"指鹏欲起飞，展翅拍击海面之态。"三千里"说明鹏起飞时掀起的大浪波及范围之广。"六月"即上文所提"海运"之时。"息"指天地之息，即风。大鹏乘着夏季的飓风升上九万里的高空，向着南海展翅飞去。

1　齐谐，人名。一说古书名。

> 野马也，尘埃也，生物之以息相吹也。天之苍苍，
> 其正色邪？其远而无所至极邪？其视下也，亦若是则已矣。

此处描写了大鹏在九万里高空之上俯瞰到的景色。野马奔腾、尘土飞扬，世间万物相生相息于这一方世界，此乃人所生活的世界。遥远的上空之中，高悬着一片苍色天幕。不知这深邃的苍蓝色是天空本来的颜色，还是天与地无限的距离使它呈现出这样的颜色？多半是后者，是那无穷尽的距离才让这天看起来那样的蓝吧。如今，正从九万里高空俯瞰大地的大鹏眼中，这个世界也许与我们眼中的天空一般，也呈现出一片无垠的苍蓝之色吧。大鹏无穷尽的飞翔，超脱于人世之中那些矮小繁杂之物以外。只有如此超脱，才能将世间一切的差别与对立融合，形成一个巨大的"一"。

> 且夫水之积也不厚，则其负大舟也无力。覆杯水于坳堂之上，则芥为之舟。置杯焉则胶，水浅而舟大也。风之积也不厚，则其负大翼也无力。故九万里则风斯在下矣，而后乃今培风；背负青天而莫之夭阏者，而后乃今将图南。

"坳堂之上"同"堂上之坳"。一杯水倾倒于堂前低洼之处，至多不过是浮起几粒尘埃、几根小草罢了。若要想浮起巨

大的船只，需要汪洋大海。大鹏的一对翅膀可遮天蔽日，它若想飞翔，则需要吹起震撼天际的飓风。九万里高空之上，经年都席卷着飓风。大鹏展翅乘上这飓风，在无边无际的青空之下，无拘无束地向着南海飞去。

至此，庄子勾勒出大鹏的逍遥——振翅间掀起惊涛骇浪，乘飓风而上，展翅翱翔。这是大鹏雄浑壮阔的飞翔。然而，不言自明的是，大鹏实则暗指那些超脱于世间纷扰之外的绝对者[1]。绝对者是不受凡尘琐事束缚，向着更为广阔之世界阔步而行的至大之人。于庄子而言，绝对者即超脱者。凡世之中充斥着无奈、妥协、自欺与沉迷。这些杂念都是让人精神滞留凡间而无法超脱的阻力。遑论还有那些来自价值与规范的恐吓，紧紧束缚住人们健全的生命。那些苍白的思维陷阱，让人们忌惮过去、恐惧未来。这一切都在阻碍人们飒爽的生命与健全的精神的超脱。而超脱者则冲破了一切的束缚。庄子认为，只有超脱之人才能解放世人，为世间带来美丽、光明与和谐。而大鹏，正是这超脱之人的象征。

当我们认识到庄子笔下的绝对者指的便是这样的超脱者时，很容易联想到尼采[2]的"超人"（ubermensch）。尼采在解

---

1 绝对者，指超脱于凡尘之外的人。与"超越者""超脱者"同义。
2 弗里德里希·威廉·尼采（1844—1900），德国著名哲学家。

释"超人"——查拉图斯特拉[1]——时写道，超人离开了他的故乡与故乡的湖，隐居山中；而庄子的超脱者则与大鹏一同翱翔在九万里高空之上。尼采的超人克服了一切凡尘琐事，打破了价值与信仰的桎梏而追求来自生命混沌的灼热；庄子的超脱者同样摒弃一切迷惘与诱惑、伪善与虚势，承认自我的价值，追求生命的充实与奔放豁达的精神超脱。我们将在细数二者差异（在对《庄子》的品读不断深入的过程之中，相信这些差异会逐渐清晰起来的）的同时，亦会意识到二者的共通之处——他们皆超脱于人世之外，且同样认为即便超脱，真正的自我仍在于人本身。

　　蜩与学鸠笑之曰："我决起而飞，抢榆枋，时则不至而控于地而已矣，奚以之九万里而南为？"

　　庄子对大鹏雄浑飞翔的描写暂且告一段落，随即笔锋一转，着墨于尘世间渺小飞翔者的窃窃私语。"蜩与学鸠[2]"很明显属于嘲笑一切伟大之物的肤浅之辈。渺小之物常为掩饰自身的无知与无能而对伟大之物嗤之以鼻。他们匍匐于地面之上，却不愿为自身的丑陋与渺小感到羞耻，反而用他们弱如蚊蚋的

1　尼采著作《查拉图斯特拉如是说》中的人物。
2　蜩，即蝉；学鸠指斑鸠一类的飞鸟，大小与鸽子相似。

窃语诋毁翱翔天际的鹏：哪需要飞到九万里那么高的地儿去？"榆"和"枋"都是小型灌木。"抢"指撞上，即飞蹿而出后撞上榆和枋的枝丫。

适莽苍者，三餐而反，腹犹果然；适百里者，宿舂粮；适千里者，三月聚粮。之二虫又何知！小知不及大知，小年不及大年。

"莽苍"指草色苍莽的近郊原野。"三餐而反"指带着一天的饭食出门远行。"舂粮"指捣去米壳，准备饭食。正如长途旅行需从数月前开始准备，大鹏想要飞越至南海，也需要升到九万里的高空。而这其中的道理，是蜩与学鸠无法理解的。那些只拥有渺小智慧的事物无法与大智之物相比肩；寿命短暂之物也无法与长寿之物相匹敌。"之二虫"的"虫"可泛指所有动物，"二虫"在此指蜩与学鸠。

奚以知其然也？朝菌不知晦朔，蟪蛄不知春秋，此小年也。楚之南有冥灵者，以五百岁为春，五百岁为秋；上古有大椿者，以八千岁为春，八千岁为秋。而彭祖乃今以久特闻，众人匹之，不亦悲乎！

历代校注对"朝菌""蟪蛄""冥灵""大椿"的解释不尽相同。一说"朝菌"是蘑菇，一说是昆虫。"蟪蛄"则有夏蝉和蜩蜩两种解释。关于"冥灵"有树或海龟等多种说法，也有学者认为此词同"螟蛉[1]"。"大椿"应为树名，也有注解称"椿"与"橌"相同，指木槿[2]。不过，此处并不需要过于拘泥这些细枝末节。在这部《庄子》之中，哪怕木槿的树冠可遮天蔽日，螟蛉是撼天动地的巨兽也并不算稀奇。毕竟本该是鱼卵的鲲都能够变化成为大鹏。任何固执的刨根问底在庄子那过人的才智面前，都是不堪一击的。

简单来说，朝菌和蟪蛄的生命只有短短半日（半年），生于早晨（春天）则枯于入夜（秋天）以前，生于夜晚（秋天）则早晨（春天）来临前便会死去。而冥灵与大椿的生命则以"大年"计算。一个"大年"可有数千年、数万年之久。我们能够理解到这里，便足够了。"彭祖"是传说中活了八百岁的长寿之人。自然界有冥灵、大椿一类"大年"之物，而在人类当中，彭祖虽以长寿颇负盛名，但充其量不过八百岁而已。两者相较，那些为了和彭祖一般长寿八百年而不择手段的凡人是多么的渺小啊！也难怪他们将鲲鹏视为无稽之谈，称其毫无用处，不予理睬。而庄子接着说道：你若是不信，我便再给你一个证据好了。

1　螟蛉，一种昆虫。

2　木槿，一种落叶灌木。

汤之问棘也是已：穷发之北，有冥海者，天池也。有鱼焉，其广数千里，未有知其修者，其名为鲲。有鸟焉，其名为鹏，背若泰山，翼若垂天之云，抟扶摇羊角而上者九万里，绝云气，负青天，然后图南，且适南冥也。斥鴳笑之曰："彼且奚适也？我腾跃而上，不过数仞而下，翱翔蓬蒿之间，此亦飞之至也，而彼且奚适也？"此小大之辩也。

庄子所说的证据，便是汤与棘的对答。"汤"是殷朝汤王[1]，棘是汤王朝中一贤臣。庄子于前文中引用齐谐的言论为鲲鹏之说点明了出处，而此处又引汤王与棘的对话，强调自己所写并非无稽之谈。他一而再再而三地申明，无非是为了证明这无稽之说的"有稽性"——真实性。这更是体现了他的讽刺与戏谑。

"穷发"指北极附近寸草不生之地。"穷发之北，有冥海者"说的是那片冻土再往北有一片冥海。"修"指长。"泰山"是现今山东省境内的名山。"抟扶摇羊角而上者九万里"中的"羊角"与"跃"同义，即跳跃。"斥鴳"是一种与鹌鹑相似的小鸟。"蓬蒿"，指艾草。"此小大之辩也"是说，鹏之大与斥鴳之小，最终造成了二者见解上的差异。"辩"通"辨"，指差异。此句与上文"小知不及大知"内容相近，以表强调。

1　商汤（约公元前1670—前1587），殷（商）代的开国帝王。

故夫知效一官，行比一乡，德合一君，而征一国者，其自视也，亦若此矣。而宋荣子犹然笑之。且举世而誉之而不加劝，举世而非之而不加沮，定乎内外之分，辩乎荣辱之境，斯已矣。彼其于世，未数数然也。虽然，犹有未树也。夫列子御风而行，泠然善也，旬有五日而后反。彼于致福者，未数数然也。此虽免乎行，犹有所待者也。若夫乘天地之正，而御六气之辩，以游无穷者，彼且恶乎待哉！故曰：至人无己，神人无功，圣人无名。

庄子于开篇便将鲲鹏这种翱翔的庞然大物与蜩、学鸠、斥鷃等仅在林木枝丫间飞蹿的飞虫小鸟相对比，借以说明伟大与微小、大知与小知之间的差距。至此，才将目光转向了人类社会。飞禽大可至鲲鹏而小亦有斥鷃，同样，人之处境亦有高低贵贱之分。这种差异在庄子笔下，从小至大逐渐上升——先有纯良的学鸠，后是游走于礼教间的斥鷃。也就是说，从那些安于在社会的一般价值与规范中度日之人，到对此类人的纯良嗤之以鼻的宋荣子；又从宋荣子的孤高与遗世独立，讲到能够乘风而行的列子；最终从列子那有限的超脱讲到庄子那不为任何事物束缚的超然。而这种绝对的超然形象在文中则是以选段最后所提的"至人、神人、圣人"三种人来体现的。他们作为逍遥游的实践者，可以说是全篇的结论之所在，称得上是重中之重。

所谓"夫知效一官，行比一乡"指学识足以胜任一级官职并有所作为，能够感化一乡百姓使之和睦的人。"德合一君，而征一国"指那些贤能与品德能合乎一国之君的心意，使举国上下亲之信之的人。此处的"而"通"能"，指才能。"其自视也，亦若此矣"意为安逸于礼教社会且为人称颂的人，皆满足于现状，眼中只有自己的生活。前文中蜩、学鸠、斥鴳将各自微不足道的飞翔看作至高无上的才能，这些人的想法与它们如出一辙。

"而宋荣子犹然笑之"中，宋荣子指宋钘，战国时期思想家，主张止战。庄子在这本书的末尾，即《杂篇·天下》中介绍并评论了他的思想。此外，《孟子》《荀子》《韩非子》等同一时期的诸多文献中均对他有所提及。"犹然"一词体现了他无声却带一丝嘲讽的微笑——他嘴角带笑地旁观那些因主观价值判断或悲或喜的纯良之人，笑他们的渺小与狭隘。宋荣子不为尘世间的褒誉贬毁所动，也不混淆自我的内在本质与外在表象。他尚可算是具备了一定的主体性，从而能够看清对人来说什么是真正的荣誉，什么才是真正的耻辱。从这个角度上来说，宋荣子称得上是超脱于世俗之外，与芸芸众生有所区别的人。但也不过是"斯已矣"——仅此而已罢了。故庄子评他为"犹有未树也"——并未树立根本的人。宋荣子在嘲笑世俗的同时也同样局限于世俗，双脚仍立于世俗之上。若想真正超脱，须要让这双脚脱离世俗才行——真正的超脱者是翱翔于现实之中的。出于此，庄子认为，与宋荣子相较，列子尚且掌握了飞翔的方法，小胜一筹。

"列子御风而行"——列子也是战国时期的思想家，但所处时期较庄子稍早一些。《庄子》中略有几处对其主张的记载，其内容简而言之，便是"贵虚[1]"。"列子御风而行翱翔于虚空之间"的故事也是贵虚思想的体现。"旬有五日而后反"指每过十五日（一旬为十日。"有"通"又"。"旬有五日"即十又五日，因此共十五日）他便要落回地面上来。古时三百六十日为一年，以二十四节气为基准加以划分，一个节气便是十五日。随着节气的改变，气候会变，从而风向也会变。因此列子每十五日便要落回地面一次。由此可以看出，列子之飞翔依托于气候天象，受外在条件所制，其本质是缺乏主体性的。"彼于致福者，未数数然也"——列子并未被尘世间的安逸蒙蔽双眼，在这一点上他超越了宋荣子的局限，得以翱翔于广阔的天幕。他领悟了飞行的方法，这是他优于宋荣子之处。但是他同样是"犹有所待者"——列子的超脱依赖风，仍未摆脱外在之物的束缚。也就是说，他的超脱仍未达到真正毫无拘束的绝对境界。

"若夫乘天地之正，而御六气之辩，以游无穷者"说的是

1　列子（约公元前450—前375），即列御寇，道家学派著名的代表人物。是道家学派承前启后的重要传承人物。虚即道，表示冲虚自然，不执不为之义。

真正自由的飞翔，也就是庄子所指绝对者的超脱。真正自由的超脱者与天地宇宙间之真理融为一体，与自然界的变迁合而为一。他如天地宇宙一般悠久，如自然变迁一般无穷，在超越一切时间与空间的世界之中逍遥而游。"彼且恶乎待哉"——正是因为他逍遥于绝对自由之境，才能够不依赖于任何事物，不为任何事物所束缚。"至人无己，神人无功，圣人无名"——绝对者远远超脱于尘世之外，故而不为凡尘俗事所束缚，不因世间之价值而动摇，不以他人之语论功过。他们与宇宙融为一体，从被束缚的自我之中超脱而出，在宇宙中实现自我的极致；他们着眼于世俗价值之外，追求创造超越价值；他们冲破概念表象的禁锢，从而得以实现千变万化的作用与影响。绝对者超越了一切世俗之物、凡庶之物、尘寰之物，即自我、功绩与名声。只有从自我、功绩、名声一类事物之中超脱而出，才有可能实现绝对者自由无束的生活。庄子将这种自由无束的生活称为逍遥游。"至人""神人""圣人"于庄子而言，则是逍遥游的实践者。

文中所写"六气"，有"天地春夏秋冬"一解，亦有"阴阳风雨晦明"一说。但归根结底皆指天地自然间之万千气候。"辩"通"变"，指变化。"至人""神人""圣人"虽说法不同，但皆指超脱者、绝对者。"待"有依存之意。

为了更好地理解庄子所谓绝对者，即至人、神人、圣人之

"无己""无功""无名"，在此需补充两点说明。

其一，庄子之无己、无功、无名，以老子[1]思想为基石，是对老子思想的继承与发展（至于老子其人是否在历史上真实存在过，至今尚未有定论。故若出于对此问题的考虑，此处也可改为"老子式思想"）。老子主张实在与概念形象的分离，故有"道常无名"（《道德经》第三十二章）之说；认为绝对者不为世间价值所缚，才有圣人"功成而不居"之句（第二章）；主张超脱者为实现真我须抛弃为凡尘所缚的自我，即圣人"无私"（第七章）。庄子沿袭老子对自我、功绩、名望之否定，并在此之上定义了超脱者。但不同之处在于，老子对"己""功""名"之否定可谓是明哲保身之术，有功利之嫌，可以说是生活中的取巧之计，计谋之感颇强。而庄子则站在主体性立场之上，面向自我，超越了这些计谋、功利。于老子而言，处世之道是重中之重，对自我的思考也以处世为前提。但庄子则以自我为最终目的，在"我"中思考"世"事。从这一点中不难看出庄子坚定不移的自我立场，以及他对老子思想的继承与发展。而庄子在追求自我的过程中，将老子式的否定与悖论逻辑作为基石。这也是他对老子思想继承与发展的最有力的体现。

1　老子（约公元前 571—前 471），道家学派创始人和主要代表人物。

其二，庄子所谓无己、无功、无名并非单纯的否定，而是以否定为媒，对真正的肯定提出的发问。无己、无功、无名用老庄思想中最常见的说法来说，就是"无为"。但老庄思想中的无为又并非什么也不做。人类为了回归本源而否定"己"、否定"功"、否定"名"——否定"己"，才能使真我显现；否定"功"，才能追求真正的功德；否定"名"，才能看清名利之根源。庄子追求的也是这些真正的自我、功德与实在。换句话说，"无为"是为了"无不为"，在否定一切凡庶之物中追求真正人之根本。庄子的超脱，是为了追求人之根本而对人间之事的全面否定。那些真正超脱的人被庄子称为至人、神人与圣人。"无己""无功""无名"则是对至人、神人、圣人的生存方式进行的说明。

尧让天下于许由，曰："日月出矣，而爝火不息，其于光也，不亦难乎！时雨降矣，而犹浸灌，其于泽也，不亦劳乎！夫子立而天下治，而我犹尸之，吾自视缺然。请致天下。"许由曰："子治天下，天下既已治也，而我犹代子，吾将为名乎？名者，实之宾也，吾将为宾乎？鹪鹩巢于深林，不过一枝；偃鼠饮河，不过满腹。归休乎君，予无所用天下为！庖人虽不治庖，尸祝不越樽俎而代之矣。"

16

庄子将绝对者自由无束的生活——逍遥游归结为对一切世俗之物的放手，即无己、无功、无名。接下来，他又附上数段问答形式的叙述，以娓娓道来的形式对此加以论证。首先，他通过尧与许由的对答来说明绝对者对"名"的超脱。尧乃中国传说中圣天子。许由据传是古时一隐者[1]，以不求名利的圣人形象出场。

尧："将先生这般伟大之人弃之一旁，而让我这样的庸才堂而皇之坐于天子之位，简直如同白日之下燃薪掌灯，暴雨之中灌溉农田一般，岂非徒劳！不知可否由先生来接替这天子之座？我自省己身，自觉实在无颜面对天下……"

许由："你这天子做得顺风顺水，现下却说要将这位子让给我，难不成你认为我是那沽名钓誉之辈？这名誉，不过是无主之宾客，而你让我去做这客吗？

"我就如那林中鸣叫的鷦鹩、田间穿行的田鼠。茂林莽莽，鷦鹩在林中筑巢，所需不过一根枝丫；河水汤汤，田鼠于河畔饮水，至多不过饱腹之量。你请回吧。我得了这天下又有何用？主祭[2]侍奉神明，厨子掌管庖厨。就算厨子懈怠，主祭也不该去厨房摆弄酒盏与食台。"

普天之下，天子之位可谓是无上之"名"，这是无须赘言

1　许由（生卒年不详），字武仲，是上古时代一高尚清节之士。

2　主祭，即尸祝，主持祭祀的人。

了的。面对唾手可得的天子之位，许由却毫不犹豫地回绝。这足以证明，在那讴歌自我之自由的精神世界中，他是真正的帝王。所以许由昂首而立，道："尸祝不越樽俎而代之矣。""尸祝"象征着许由自己，"庖人"则指代尧。神界之人——以超脱于宇宙之外为志向的人，自是不会染指凡尘之事的。

文中的"日月"与"时雨"比喻许由宇宙般宏大的德。"爝火"与"浸灌"暗指尧的德行之中矫揉造作之处，突出其渺小。"不亦难乎"的"难"与其后"不亦劳乎"的"劳"同义，指徒劳。"名者，实之宾也"一句是此段点睛之笔："宾"指宾客，"实（实质）"与"名（名声）"之间的关系犹如主与客。没有主人，宾客就无从说起。同样，没有实质的名声也毫无意义。"吾将为宾乎"是说难不成要我感恩戴德地收下这份无实之名吗？许由以此拒绝尧的请求。"鹪鹩巢于深林"以及其后的几句，与"吾将为宾乎"一同来看便很好理解。所谓天子之实，可坐拥天下之财。但我得了那天下之财又有何用？鹪鹩筑巢，一根树杈便足以为用；田鼠饮水，只要饱腹便心满意足。同样，对我许由来说，隐居山林的生活已是绰绰有余。"不越樽俎而代之矣"中，"越"意同夺，"樽"指祭祀之时用来供奉神明的酒器，"俎"是祭祀中放置肉类祭品的容器。

肩吾问于连叔曰："吾闻言于接舆，大而无当，往而不返。吾惊怖其言犹河汉而无极也，大有径庭，不近人情焉。"连叔曰："其言谓何哉？""曰：'藐姑射之山，有神人居焉。肌肤若冰雪，淖约若处子；不食五谷，吸风饮露；乘云气，御飞龙，而游乎四海之外；其神凝，使物不疵疠而年谷熟。'吾以是狂而不信也。"连叔曰："然，瞽者无以与乎文章之观，聋者无以与乎钟鼓之声。岂唯形骸有聋盲哉？夫知亦有之。是其言也，犹时女也。之人也，之德也，将旁礴万物以为一，世蕲乎乱，孰弊弊焉以天下为事！之人也，物莫之伤，大浸稽天而不溺，大旱金石流、土山焦而不热。是其尘垢秕糠，将犹陶铸尧舜者也，孰肯以物为事！"

许由之例暂且告一段落，庄子随即又假借肩吾[1]与连叔[2]这两位得道者的对答，叙述了有名的藐姑射山的神人之说。

姑射山的神人肌肤似雪，形若处子，清净无瑕。他们以风霜雨露为食，自由逍遥于宇宙天地之间。在这柔弱外表之下，有着任天摇地动于眼前而不动声色的坚韧生命力——浊浪滔天的洪水也好，铄石流金的旱魃也罢，一旦其精神凝集而现，那极致的精神可为世间万物带来无病无灾的宁静与安康。这不仅

1　肩吾，古代中国传说中的神仙。
2　连叔，庄子笔下的虚构的体道之士。

是庄子对超越者进行的浪漫主义式的勾勒，更可以说是中华民族心目中的理想境界。庄子就是以这藐姑射山神人的柔和与坚韧，以及那宇宙性的强大精神为背景，引出对绝对者至高无上的功与德的思考。在神人的这份功与德面前，一切凡尘功德都微不可见了。世间之人奉尧与舜的功德为无上之物，庄子则将尧舜的渺小与神人相比较，说明"是其尘垢秕糠，将犹陶铸尧舜者也"——像尧舜这类被世人奉为至高无上的人，神人哪怕是用身上的皮屑、污垢，甚至是用丢弃的谷壳外皮，都可轻而易举地将他们创造出来。这一节说明了神人是超脱于世间功德之外的——"神人无功"。

"犹河汉而无极也"是说，肩吾从接舆[1]处听来的话，仿佛夜空中无边无际的银河那般，虚无缥缈。"大有径庭，不近人情焉"指与世间常识差别极大，以常人之想法很难接受。"藐姑射之山"中，"藐"同"邈"，指遥远。"姑射"为山名，传说是北海之中仙人所居之处（日本上皇住处[2]又尊称为"藐姑射之山"，此句便是出处）。"五谷"是稻、麦、粟、豆、麻。"是其言也，犹时女也"中"时"通"是"，指示代名词；"女"通"汝"。世间确实有并不健全的精神，而你，刚好就是那不

1　接舆（生卒年不详），楚国隐士，姓陆，名通，字接舆。
2　上皇，日本天皇禅位后称上皇。上皇的居所被称为"仙洞御所"，尊称为"藐姑射之山（はこやのやま）"。

20

健全之人的一员。这是连叔对肩吾的评价——肩吾的精神因世俗的侵蚀已不再健全。"世蕲乎乱"中的"乱"为反训用法[1]，同"治"。"蕲"意为求。神人的世界之中包罗万象，浑然一体。他们以无为自然的德行感化世间万物，故而政治一类的凡尘琐事必然是被神人远远超越了的。"尘垢秕糠"的"尘"为皮屑；"垢"指污垢；"秕糠"指秕谷与糠皮，饭食之中被丢掉的糟粕。"陶铸"指陶艺或冶金工匠用黏土或金属制作器物。尧和舜被世人誉为圣天子，受到顶礼跪拜。然而就算只是神人身上脱落的皮屑与污垢，神人饭食之中丢弃的秕谷与糠皮，都可不费吹灰之力便造出尧舜这样的人来。

此段所举的三个人物之中，肩吾在《大宗师》有记载，"肩吾得之，以处大山"。《德充符》中有引接舆的对答，其中将肩吾称为传说中的得道者，抑或是神之名。连叔同样也是古时传说中的贤者。接舆是孔子时期楚国的隐者，除去《庄子·内篇》的《人间世》与《应帝王》，在《论语》《楚辞》《战国策》《淮南子》等古籍中也多见其名。当然，庄子之所以在此故事中援引这三人，不过是为了向众人说明姑射山神人而随意选出的罢了。

1　反训，训诂学术语。用反义词解释词义，即以"治"解释"乱"。

宋人资章甫而适诸越，越人断发文身，无所用之。
尧治天下之民，平海内之政。往见四子藐姑射之山，汾
水之阳，窅然丧其天下焉。

结束了藐姑射山神人的故事，庄子又转而对尧在拜访神
人之后茫然恍惚之相加以着墨。这则宋国的行商之人在越国卖
章甫冠[1]的事例，反映了宋越两国的风俗人情之迥异，证明了
世俗世界所谓的价值于神人来讲是毫无意义的。"章甫"是殷
朝时流行的一种发冠。武王克殷，殷朝后裔建立了宋国。因
此，宋国人十分重视商殷时期的传统习俗，佩戴章甫冠也不例
外。"诸越"也作"于越"，"诸"与"于"都是词头，指越国。
越国盛行短发与刺青，宋国人视为珍宝的章甫冠在越国则毫无
用武之地。同样，世人认为尧所推行的政治乃典范，俗世之中
有德之人无出其右，故誉之为圣天子。可在神人面前，尧的功
德却显得无足轻重了。因此，在神人那压倒性的伟大面前，尧
不禁恍惚茫然了。"四子"指姑射山中的四位超越者。"汾水之
阳"中的"汾水"即汾河。汾河流经今山西省平阳一带，相传
尧曾将该处定为都城。"阳"指山的南侧，河的北岸。尧见到
姑射山神人之后，返回都城近郊，汾河之北，茫然四顾，已然
忘记了自己圣天子的身份。"窅然"指失神恍惚之态。

---

1 章甫，亦作"章父"，古代一种帽子。

惠子谓庄子曰："魏王贻我大瓠之种，我树之成而实五石。以盛水浆，其坚不能自举也。剖之以为瓢，则瓠落无所容。非不呺然大也，吾为其无用而掊之。"庄子曰："夫子固拙于用大矣。宋人有善为不龟手之药者，世世以洴澼絖为事。客闻之，请买其方百金。聚族而谋之曰：'我世世为洴澼絖，不过数金。今一朝而鬻技百金，请与之。'客得之，以说吴王。越有难，吴王使之将。冬，与越人水战，大败越人，裂地而封之。能不龟手一也，或以封，或不免于洴澼絖，则所用之异也。今子有五石之瓠，何不虑以为大樽而浮乎江湖，而忧其瓠落无所容？则夫子犹有蓬之心也夫！"

惠子谓庄子曰："吾有大树，人谓之樗。其大本臃肿而不中绳墨，其小枝卷曲而不中规矩。立之涂，匠者不顾。今子之言，大而无用，众所同去也。"庄子曰："子独不见狸狌乎？卑身而伏，以候敖者；东西跳梁，不避高下；中于机辟，死于罔罟。今夫斄牛，其大若垂天之云。此能为大矣，而不能执鼠。今子有大树，患其无用，何不树之于无何有之乡，广莫之野，彷徨乎无为其侧，逍遥乎寝卧其下。不夭斤斧，物无害者，无所可用，安所困苦哉！"

　　《逍遥游》以鲲鹏雄阔的飞翔开篇，继而引出鲲鹏之飞翔所象征的神人那至高无上的超脱。以渺小衬托伟大，以被束缚的渺小世界衬托自由阔达的伟大世界。最后，则以附录的形式，记录下惠施[1]对这伟大世界的批判，以及庄子对惠施的反驳，收束全文（很早便有观点指出，篇后这两段问答并非出自庄子本人之笔。此段内容很有可能曾被口口相传，后人将其与《逍遥游》的内容相结合后加在了最后）。

　　惠施（施为其名）是与庄子同一时期的理论家、政治家。惠施得梁惠王[2]重用，梁惠王则因其与孟子的对答而广为人知（本文中将大瓠[3]之种赠予惠施的魏王，应当就是梁惠王。魏国最初以山西安邑为都，后为秦所迫，迁都河南）。惠施与庄子之间的交流也是当时诸子中最为密切的，《庄子》中仅关于二人辩论的记载就有十余处之多。

　　惠施对庄子的批判，简言之，就是庄子的思想过于超凡脱俗，对现实生活起不到半点作用。对此，庄子则以"无用之用"四字作为回复。在庄子看来，真正伟大之人的自我，超脱于尘世间一切桎梏之外。同样，真正"有用之物"也远远超越

1　惠施，即惠子（约公元前370—前310），著名政治家、哲学家，名家学派的开山鼻祖和主要代表人物，也是庄子的至交好友。

2　梁惠王（公元前400—前319），姬姓，魏氏，又称魏惠王。战国时魏国第三代国君。

3　瓠，葫芦。

于世俗所指的"有用"之外。正是在世间的"有用之物"之外，也就是世人看作眼中的"无用之物"之中，才有真正"有用之物"。然而，对那些被世俗所缚的世人来说，却是无从勘破这超越了世俗的"有用"的"无用之物"所拥有的"有用"之处的。他们的目光被僵化，被一般化，被既有的价值体系形式化，失去了发现世间万物的自由价值及真正的有用之处的能力。庄子就是在世人口中的无用之物之中，找出被他们所忽视的自由价值与真正的有用之处。因此，能够发现这些自由价值与真正有用之物的庄子，无疑已是超脱于世俗之外的。

庄子借用大瓠与樗[1]，对此中道理进行了说明。惠施只用俗世的价值观看待瓠，用常识规定的"有用观"来理解瓠，故而说它可做盛水容器，或劈开两半用作水瓢。但瓠是超越常识之物，固然不能再以常识加以定义。瓠用来储水则过重，无法携带；用来舀水则过浅，容易洒出来。于是惠施就如同所有常识之人一样，不去理会自己的无能，而是大肆批评瓠一无是处。他又怎会想到，若以瓠做舟，无论是面对扬子江那雄阔的水流，抑或是广阔湖面上泛起的粼粼波纹，都可以随心所欲地任凭自我逍遥游荡在那水天之间。

于是庄子总结道："夫子犹有蓬之心也夫"——这果真是个

1　樗，一种木质低劣的乔木。

心中蓬草丛生、庸耳俗目之人啊！"蓬"象征所有渺小之物。

名为樗的弯曲大树也是同样。规矩与绳墨[1]代表了世间的价值与规范，而樗却并不符合这二者所规定的内容。因此，那些心中除却常识再无他物的木匠，只能觉得这樗木一无是处。此处再次出现了写着"无用"二字的标签。但凡是被贴上这一标签之物，都会在常识的世界之中受尽谩骂与嘲讽，最终被排除在外，毁于无形。"众所同去也"指无人问津，不被理睬。而庄子却说，那只是因为众人皆不知无用之用为何物罢了。为何不将它置于"无何有之乡""广莫之野"——空无一物的世界、无人之境——之中看待？为何不信步于它周围那超越一切俗世之物的自由之中？为何不仰躺于其下，在那安宁与生机之中逍遥？"不夭斤斧，物无害者"——樗虽被世人贴上无用之标签，连木匠都弃之不顾，但它从未放弃过在种种危险之中利用自己天生的弱小来保护自己的安全。最终，它没有夭折在"斤斧"——板斧——之下。这其中自可体味到它无尽的自由之欢喜，无穷的逍遥之喜悦。"安所困苦哉"——不过是被世间之人称为无用之物罢了，何须因此而不得释怀。

两段问答之中使用的洴澼絖、狸狌[2]、斄牛[3]之例，意在说明

---

1 规矩与绳墨，指木工校方圆的工具和打直线的墨线。引申义为规矩或法度。

2 狸，野猫；狌，黄鼠狼。

3 斄牛，即牦牛。

这世间之物因其用法不同，其价值也有大有小，并非是固定不变的。并且，正是那些被世人冠以无用之名的事物，反而更会拥有真正的价值。

"洴澼絖"的"絖"指丝絮，"洴澼"指将丝絮放入水中漂洗。这类整日涉水的工作需要常备药膏以防皮肤皲裂。"客得之，以说吴王"是说，一人用百金买来这防皲裂的药方，并在吴王面前说明这药膏的神奇功效。"越有难"中"难"指战争。"与越人水战"则是由于吴国与越国皆位于扬子江流域，多湖泊沟渠，又临近海岸，所以两国之争，必然会出现涉水之战。由"大败越人"可推测出，冬日寒风凛冽，越国军队在水战之中冻伤不断，战斗力大大削弱。而吴军则因有那防皲裂之药，无须忌惮寒冷，故而取得胜利。"裂地而封之"，吴王封那进献药方之人为侯，并赐以封地，以示嘉奖。

"子独不见狸狌乎"中"独"含强调之意——世间之人都有目共睹，没有道理只有你一人见也没见过。"以候敖者"中"敖"有遨游之意，"遨游者"指鸡鼠一类被黄鼠狼捕食的小型动物。"机辟"为捕猎时设置的捕兽器，即陷阱。"罔"与"罟"皆指网。

齐物论　第二

　　在《逍遥游》中，庄子借鲲鹏那雄浑壮阔的飞翔，向众人阐述了绝对者自由无束的生活与境界。而在《齐物论》中，他则进而向众人展示，究竟是怎样的道理造就了绝对者的境界，并通过列举实践中的事例，论述了人要如何才能成为绝对者。

　　"齐物论"，即"使物齐之论"，也就是向人们揭示万物齐同的道理（还有一种解读认为，"物论"指世间之物的议论，"齐物论"则有使种种议论齐同之意）。庄子认为，人若想成为绝对者，必须认识到一切存在乃是浑然一体的。只有站在万物合一的至高境界，即"一"的世界中时，才有可能实现绝对者那样不为任何事物束缚的生活。《齐物论》便是围绕着这万物合一的至高境界展开的。

　　　南郭子綦隐机而坐，仰天而嘘，嗒焉似丧其耦。颜成子游立侍乎前，曰："何居乎？形固可使如槁木，而心固可使如死灰乎？今之隐机者，非昔之隐机者也？"子綦曰：

"偃，不亦善乎而问之也！今者吾丧我，汝知之乎？"

《齐物论》以南郭子綦与颜成子游间的问答开篇。

南郭子綦，楚国哲人，亦作南伯子綦或南伯子葵。除《齐物论》外，《人间世》《大宗师》以及《杂篇·徐无鬼》均对他有所提及。因居住于城郭南部，故被称为南郭子綦。颜成子游乃南郭子綦之徒，又名偃（据《论语·雍也》记载，孔子门徒子游也自称为偃）。

子綦为远离城中喧嚣而将居所置办在郊外，沉浸在悠然自得的生活之中，忘记了世俗，甚至忘记了自我。他便是逍遥游出色的实践者之一，他那超脱的生活甚至可以与九万里高空之上的鲲鹏相提并论。

子綦家中有一小机，立于窗缘。一日，他静静倚在机边，深深呼出一口气。那形象，堪称"嗒焉似丧其耦"——宛如失去了爱妻的男人，心中空落难耐，甚至连自我、世事都一并忘却了一般。在他的徒弟颜成子游看来，恩师这副面无表情，仿佛失去了七情六欲一般的样子，与枯槁的树木、燃尽了的炭灰并无两样。于是他向子綦询问道："您怎么了？今日您凭机而坐的样子与平日很是不同呢。"

"偃，不亦善乎而问之也"是在夸奖徒弟善于观察，细致入微。"今者吾丧我"中，"丧我"与忘我同义。子綦的这句话，可看作对《齐物论》全篇的概括归纳。

"女闻人籁而未闻地籁，女闻地籁而未闻天籁夫！"子游曰："敢问其方。"子綦曰："夫大块噫气，其名为风。是唯无作，作则万窍怒呺。而独不闻之翏翏乎？山林之畏佳，大木百围之窍穴，似鼻，似口，似耳，似枅，似圈，似臼，似洼者，似污者。激者、謞者、叱者、吸者、叫者、譹者、宎者、咬者，前者唱于而随者唱喁，泠风则小和，飘风则大和，厉风济则众窍为虚。而独不见之调调之刁刁乎？"

庄子借子綦之口，率先引出了全篇主旨。接下来，他又假借子綦对子游的教导，向世人说明忘我所需的条件以及关于逍遥游的道理。所谓忘我的道理，即指子綦口中的"天籁"。

"女闻人籁而未闻地籁，女闻地籁而未闻天籁夫"一句是在解释天籁之前，首先对地籁与人籁进行的说明。"籁"指声响，"人籁"指人们吹奏乐器发出的声响。"地籁"则在下句中有详细的介绍，乃大地的声响，即风吹之声。

从"夫大块噫气，其名为风"至"而独不见之调调之刁刁乎"之间的内容，是子綦对地籁的说明。"大块"也就是大地的"噫气"，其名为"风"，古代中国人将风看作大地在打嗝。"是唯无作，作则万窍怒呺"是指，这风不吹则已，一旦吹起来，所有的孔洞窟穴都一齐发出尖锐的声响（"窍"同"穴"，"号"同"号"）。"翏翏"是自远处传来的风声。"山林之畏佳"是说，风自远处吹来，发出犬吠般声响。一旦它接近原本静谧无声的山林，所有树木便会瞬间开始骚动起来。"畏佳"指树木在风中簌簌作响，不断摇摆之态（参照晋代郭象[1]之注）。"似口，似耳"及此句余下部分，皆是在形容山中耸立的巨木上千形万态的树洞。"激者、谪者"一句则是对这些形状各异的树洞在风吹来时所发出的不同声音进行的描写。"厉风济则众窍为虚"指大风吹过，天地间再一次恢复原本的静谧无声。读到这里，庄子那细致入微的观察，以及入木三分的刻画，着实使人们叹为观止。这段描写，在其他涉及风的文学作品之中也可谓是卓尔不群的。古人（宋代王安中[2]）更是对其做出了"掩卷而坐，犹觉翏翏之逼耳"的极高评价。

子游曰："地籁则众窍是已，人籁则比竹是已，敢问天籁。"子綦曰："夫吹万不同，而使其自己也。咸其自取，怒者其谁邪？"

1　郭象（？—312），字子玄，西晋哲学家。著有《庄子注》等。
2　王安中（1075—1134），北宋末、南宋初词人。字履道，号初寮。引用句出自《困学纪闻·卷十》："初寮谓：《庄子》之言风，其辞若与风俱鸣于众窍。掩卷而坐，犹觉翏翏之逼耳。"

若上文所述皆为"地籁",那"天籁"又究竟是怎样的呢?

子綦为子游解惑道:"夫吹万不同,而使其自己也。咸其自取,怒者其谁邪。"从中可以看出,所谓天籁,并非是指除却人籁、地籁以外的第三种名为天籁的声响。而是将地籁原原本本地听作地籁,将人籁原封不动地听作人籁,这本身被称为天籁。在世俗看来,一切声响之所以能够成为声响,是因为每一声响背后都存在发出这一声响的"某人"或"某物"。也就是说,一切现象深处,都存在着使这现象成为现象的人(或神)。这是世间普遍的看法,将事物的结果与原因捆绑在一起,使人们的思维受到因果逻辑的沉重束缚,更使那些真正自由的灵魂无法呼吸——对这些自由的灵魂来说,"现在"一定与"过去"及"未来"相互割裂,一切当下之物仅仅只是当下存在之物本身。而人世之中,每个人都在因果的循环往复之中不断摸索,过分地对事物进行区分,刨根问底。在这过度的区分与刨根问底的同时,还要因过去之事惊扰,为未来之事烦恼。如此这般,他们思维苍白,却执迷不悟;故步自封,又庸人自扰。以至于那本该奔涌如江河的生命与活力最终只能消失殆尽。

在子綦眼中,因果逻辑侵蚀世人原本健全的精神,因此他将其看作药石无医的妄执,避而远之。于是他说,"咸其自取,怒者其谁邪"——万物之籁中,一切声响各自因其本身的原理而产生，并不存在任何隐于背后之物。万籁来源于事物本身，而所谓"天籁"，是指将这万籁仅是当作万籁本身倾听之意。于子綦眼中，天并非是与人、地相对立的概念，亦不是超越于人与地之外的事物。天是指人即是人、地即是地的道理本身。换言之，天即万物原本的真实之态，天即自然本身，即对事物之区分（因果逻辑）的超脱。当人立足于天，观察世界时，他便能够以天地万物本身之态来肯定万物了。当他以万物本身看待万物时，便能够与天地万物合而为一了。当他与天地万物合而为一时，他便进入了那"吾丧我"的境界了。只有在此种境界之中，自我才能够真正展现出真实的自我。所以南郭子綦才会倚在机旁缓缓深呼吸。与此同时，他将自身与世间万物一同当作天籁，在这深深的吐息之中，侧耳倾听。

至此，通过上文我们理解了何为"天籁"。同时，也开始对庄子思想中的两大重要特征——对宗教的否定以及对理性的批判——有所察觉。并且，庄子试图在对宗教式的消极避世与理性主义的傲慢的超脱之中，寻找真正的精神自由。他的这一观点，让我们不禁想到了近代欧洲存在主义哲学精神的奠基人——那个试着通过探究人类与世界之间的荒谬来克服当时欧洲社会给人带来的苦闷的人——加缪[1]（笔者并非在试图把庄子

---

[1] 阿尔贝·加缪（1913—1960），法国作家、哲学家。著有《局外人》等。

与存在主义哲学硬扯上什么关系。此处关注的是两者的精神风貌，是超越了时空限制之人普遍展现出的特征，是两者最根本的倾向问题）。

加缪提出的"荒谬（absurdité）"意味着人生最深处的虚无，同时也是一个人用其最真实的姿态来直面这份虚无从而生存下去的勇气。加缪说："当一个沉迷于调解世俗与自我之间的关系而无法自拔的人，蓦然顿悟到这人生的荒谬性时，他面前的世界将会呈现出一个完整的混沌之态。"这同时也是子綦所面对的那个混沌的世界。加缪曾写过，"一旦世界失去幻想与光明，人就会觉得自己是局外人"。子綦同样也是这样一个孤身一人，凭机而坐的局外人。灼热的艳阳之下，沙滩折射出点点光华，莫尔索（《局外人》的主角）却在那四发子弹的轰鸣中忘记了一切。这与在震撼天地的万籁之中失去了自我的子綦如出一辙。透过两人的身影，映出的是看破人生荒谬之人所拥有的那份痛苦与安宁。我们则有必要透过这痛苦与安宁，来思考庄子与加缪之间的关系。

大知闲闲，小知间间。大言炎炎，小言詹詹。其寐也魂交，其觉也形开。与接为构，日以心斗。缦者、窖者、密者。小恐惴惴，大恐缦缦。其发若机栝，其司是非之谓也；其留如诅盟，其守胜之谓也；其杀如秋冬，

以言其日消也；其溺之所为之，不可使复之也；其厌也
如缄，以言其老洫也；近死之心，莫使复阳也。

　　庄子将南郭子綦与颜成子游之间关于天籁的问答作为序章
呈现在世人面前，讲述了通过将万籁之声看作天——自然——
来倾听，从而实现忘我境界的具体过程。随即，他将目光转向
了一个与自然世界的万籁相对的概念，即人类世界的万籁。他
认为，人类世界中的万籁，指的便是人类精神的嘈杂与窸窣、
自我肯定的呐喊与自我否定的呻吟。于是他进一步告诫世人，
应该将这些或嘈杂或窸窣、或呐喊或呻吟的声响，当作天籁来
倾听。首先，便是关于人类世界"万籁"的详尽描写。

　　"大知闲闲"中"闲闲"为安然宁静且放松之态。"小知
间间"——"间间"指拘泥于细节斤斤计较之态。"大言炎炎"
中"炎炎"同"淡淡"，指不拘小节、轻描淡写之感。"小言詹
詹"中"詹詹"指喋喋不休。

　　"其寐也魂交，其觉也形开"，意思是不论是睡梦之中还是
清醒之时，都感受不到身心的平静。庄子认为，梦（魂交）因
人心之乱而生。"与接为构，日以心斗"是说，日复一日地与
外界打交道，惹是生非，让精神在斗争中被消磨，在杂念妄念
之中痛苦不堪。"缦者、窖者、密者"列举了在精神斗争时人
心的数种表现。"缦"指漫不经心之态；"窖"指阴险；"密"指
细致入微。"小恐惴惴"——"惴惴"指心惊胆战、战战兢兢之

状。"大恐缦缦"——"缦缦"指呆若木鸡、仿佛毫无生气之相。"其溺之所为之，不可使复之也"，"近死之心，莫使复阳也"两句意为，瑟瑟秋风使草木凋零，同样，世俗之人的惶惑以及那掩盖在物欲之下的执念日复一日地消耗着人们的精神。二者皆使我们束手无策。这就是所谓的"不治之症"。"其厌也如缄"的"厌"同"弇"，指遮盖，覆盖（参照马叙伦[1]注）。"洫"同"溢"，指欲望深重。

　　喜怒哀乐，虑叹变慹，姚佚启态——乐出虚，蒸成菌。日夜相代乎前而莫知其所萌。已乎，已乎！旦暮得此，其所由以生乎！非彼无我，非我无所取。是亦近矣，而不知其所为使。若有真宰，而特不得其眹。可行已信，而不见其形，有情而无形。百骸、九窍、六藏，赅而存焉，吾谁与为亲？汝皆说之乎？其有私焉？如是皆有为臣妾乎？其臣妾不足以相治乎？其递相为君臣乎？其有真君存焉！如求得其情与不得，无益损乎其真。

　　上文讲述了人们心中的嘈杂与窒窣及其令人痴狂的特征。那么，这人心发出的万籁，又是缘何而生的呢？人类的心理活动千变万化，或喜或怒，或哀或乐；或是因未来之事志忑不

1　马叙伦（1885—1970），现代学者，著有《庄子札记》《庄子义证》等。

安，或是因已逝之事牢骚满腹。见异思迁与矢志不渝，谄媚阿谀与妄自尊大，直言不讳与含沙射影……巨木之上树洞千形万态，人心之中同样包罗世间万象。且这万象更是如同笛声响自中空笛管，菌类生于潮湿之地一般，昼夜不息地在眼前生灭流转、交迭更替。然而，至于它们究竟因何而生，却是不得而知了。"已乎，已乎"是对这其中最为根源之处呈现出的难解性发出的感叹。任凭我们如何叹息，"旦暮得此，其所由以生乎"——人们日出而作、日落而息的生活，都必然由这心中万籁组成。人生在世，不过喜怒哀乐四字。"非彼无我，非我无所取"——若没有了喜怒与哀乐、思虑与期盼，那么这世上也就不再有具体的自我了。若连自我都不复存在，喜怒哀乐便更是"无所取"——无从出现了。这就是自我的本质与形态之间的关联。只有当人们真正顿悟其中关联之时，才可能向着人类存在的真相迈出第一步。"是亦近矣"是对上文所述观点包含的真实性进行强调。

喜怒哀乐是人生的具体内容，是人类存在的现实证据。而人心这喜怒哀乐，究其根本，又是从何而来？是什么使得人心之万籁得以成为万籁的呢？对此，我们依旧没有答案。不过，想必那能够从人心之外或之上主导人心的绝对者——真宰——定是参与进那真相之中了。然而能窥探到那绝对者迹象的又能有几人？毋庸置疑，真宰能够以一种作用影响的形式存在于世间。但是，却没有任何形而下的确凿证据能让我们断言某物便是真宰。这是因为，真宰是对世界的影响作用之本身，而人类的感官却无法感知到其实体。换句话说，绝对者（真宰）便是自然，也就是天。

这一点，在人体构造之中亦有体现。人类的身体有骨骼百余节、孔窍九处及五脏六腑。虽说如此，但"吾谁与为亲"——我能唯独青睐于其中的一部分，让其余部分受它支配吗？你所喜爱的是整体，还是其中之一？——"汝皆说之乎？其有私焉？"人体这有机整体即是一个自然，人类爱恨情仇的情感在这里没有任何容身之地。若是人体中没有哪一部分可以支配全身，那么"如是皆有为臣妾乎"——所有构成人体的组织，岂非都只能是没有支配者的人臣，也就是被支配者？若尽是下属而没有掌权者的话，它们能不能彼此相互管理——"其臣妾不足以相治乎？"或是各部分轮流掌权，时而成为君，时而成为臣？抑或是说，在某处实则存在一真君，也就是真正的支配者呢（"真君"与上文的"真宰"同义）。但归根结底，这都是些细枝末节。就算我们无从把握其中的相互关系、因果联系，也不会出现任何问题。"如求得其情与不得，无益损乎其真"——一切都井然有序，且这毋庸置疑的井然之态才是真正需要我们重视的道理。也就是说，人的生理与心理活动背后，存在着对其起支配作用的绝对者。但这绝对者"有情而无形"，是作用与变化本身。其中真宰即是自然，即是天。只有将这"自然"仅仅作为自然本身看待，人们才能实现真正的自我。就如同将自然世界之万籁作为天籁而侧耳倾听，人们同样需要将人生的一切内容作为天——自然——去理解。唯有如此，人们才能真正超脱。

　　一受其成形，不亡以待尽。与物相刃相靡，其行尽如驰而莫之能止，不亦悲乎！终身役役而不见其成功，苶然疲役而不知其所归，可不哀邪！人谓之不死，奚益！其形化，其心与之然，可不谓大哀乎？人之生也，固若是芒乎？其我独芒，而人亦有不芒者乎？

　　自然，也就是天，从根源之处支撑着人，使人类存于世间。而人类身与心的一切活动又都是自然的一部分。那么，一旦人从自然处获得生命，成为了人，其后只要将这实质本为自然的生命当作自然本身即可。不使其丢失，不使其受损，直至生命走向终结的那一天为止。遵从自然，坚守自然，只有这样，才能从致命的诱惑之中拯救世人，才能让人回归本真。

　　但世俗之中的人们并不懂得遵从天道、坚守自然的道理。他们轻易便为外界之物诱惑，一味与他人相争而折损自我，一生犹如脱缰之马，不知何处为归处。他们拥有的只是无尽的焦虑与恐惧，使灵魂深深沉入倦怠与疲劳的深渊，发出空虚的呻吟。"人谓之不死，奚益！"——人们可能会说：就算如此，我也算是活着。难道说，哪怕是如此毫无意义的人生，也仍有继续下去的价值？"不亦悲乎""可不哀邪""可不谓大哀乎"——这些人的痴狂与错乱之态引来了庄子一遍又一遍的悲叹。

夫随其成心而师之，谁独且无师乎？奚必知代而自取者有之？愚者与有焉！未成乎心而有是非，是今日适越而昔至也。是以无有为有。无有为有，虽有神禹且不能知，吾独且奈何哉！

"成心"与上文"成形"相对，指自我本心。人之自我，其内部本都包含着天——自然之心。并非只有"知代而自取者"——顿悟了天地宇宙生成变幻之理法，能够主动做出正确判断的贤者，才具有自然之心。那些无法凭借自身力量做出判断的愚钝之人，同样也拥有。若世人都能遵从成心而行，则人心中的狂惑与人世之中的喧嚣便会如"厉风济则众窍为虚"那般，回归其原本的静谧与安宁。然而，人们如今却不再顺应自我之中的成心，以至于自我被束缚却仍固步自封，问题面前总自以为是而以人为非。这般试图通过是非之争解决问题的愚钝，实为本末倒置。就如同在今日这一表示当下的时间点启程，向着数千里外的南国——越国进发，却在代表了过去的昨日到达了一般，将不可能之事认为可能。在这种愚钝面前，就算是那传说中拥有神祇般智慧的古代帝王——禹——也束手无策。更何况我还不是那神祇般的禹，我又能如何呢？"吾独且奈何哉"是庄子对世人那疯狂且错乱之态的又一次感叹。

庄子通过"大知闲闲"至"吾独且奈何哉"之间的内容，阐述了与自然界之万籁相对的、人类世界中的种种嘈杂与窒窣，即物质世界的纷乱之相。在这嘈杂之中人们呈现出的无止境的疯狂与盲目让庄子悲叹；从而，他又向世人说明：若想从这疯狂与盲目的人类活动之中超脱，须将一切事物作为天——自然——看待。可尽管在天——自然——之中，人类世界一切万籁皆为平等，但这"天"或者说是"自然"的原理，又能否够超越现实中的对立与矛盾，将物质世界的不统一转换为统一呢？尤其是人类社会最大的声响——是非之争，要如何才能融入那巨大的"一"之中去呢？这是非之争以人类的语言为载体，而语言的内容则是判断的根据，判断的主体又是人心。关于这一点，我们需要深刻地反省与思考。同时，更需要对这些人与人之间语言与心灵的交流，以及道——真正实在，这两者之间的关系进行严谨的认识论上的批判与考察。当时，惠施、公孙龙[1]与墨翟[2]一派的逻辑学或是认识论观点已经在很大程度

---

[1] 公孙龙（约公元前320—前250），战国时期哲学家，名家代表人物。
[2] 墨翟（生卒年不详），即墨子，战国时期著名思想家，墨家学派创始人。

上得到发展，春秋末期到战国时代可以说是各学派之间论争最为酣畅淋漓的时代。庄子置身于中国思想界的这一盛世，将"言"与"道"、"实在"与"认识"的问题看作自我的问题，以他独有的敏锐眼光，对其进行了认识论的批判与反省。

> 夫言非吹也，言者有言。其所言者特未定也。果有言邪？其未尝有言邪？其以为异于鷇音，亦有辩乎？其无辩乎？道恶乎隐而有真伪？言恶乎隐而有是非？道恶乎往而不存？言恶乎存而不可？道隐于小成，言隐于荣华。故有儒墨之是非，以是其所非而非其所是。欲是其所非而非其所是，则莫若以明。

庄子从认识论的角度反思了言（认识）与道（实在）之间的关系。首先，是非之争可谓是人类世界最大的声响，滋生自人类的偏见与傲慢、自私与恣意。为了使这样的声响"众窍为虚"——回归至其本来的静谧，必须依靠某种伟大的智慧——"明"。这"明"是超越了一切相对偏见及人心对事物的主观区分的智慧。

"吹"与"吹万不同"的"吹"相同，指风声。"言者有言"意为语言的内容即语义，具备说明一切的能力。

然而，语言以语义为内容，若是这语义不清晰，语言则会失去它作为语言的功能。语义不清晰，和一开始就不曾说出口有什么区别呢？"果有言邪？其未尝有言邪？"——在两个命题以疑问的形式并列出现时，其意图在于肯定后一个，也就是对"未尝有言"之肯定。接下来的"亦有辩乎？其无辩乎？"也是一样，指无法表达正确内容及概念的语言，与雏鸟发出的叫声一样没有意义（"鷇"同"雏"，"辩"同"辨"）。

"道恶乎隐而有真伪"——此句的"隐"以及下文另外三处"隐"字，皆与子綦"隐机而坐"的"隐"用法相同，可理解为倚靠、靠着。道——实在——原本没有真伪之说，却生出了真伪的区别。言——语言——本身并没有是非之分，却出现了是与非的对立。庄子不禁自问：这是为何？"道隐于小成，言隐于荣华"是他自问后的自答。此处可以认为，两句之后分别省略了"而有真伪"与"而有是非"。道本存于天地宇宙各个角落，却因为人的偏见而生出了真伪的对立；语言本可表达世间万物一切概念，却因为人的虚荣、自作聪明以及伪饰的文化而生出了是非的对立。

"儒墨之是非"指的是庄子所处的时代，中国思想界奉孔子学派与墨子学派为双璧，两学派各自皆以自身为是，以对方为非，论争不断。儒墨两派的论争，不论哪方，皆是为偏见所困，为了彰显自我而产生的。无论儒墨之争多么哗然一时，多么绚烂夺目，但其主张却没有任何明确的内容与根据，与雏鸟毫无意义的叫声别无两样。

"莫若以明"——"以明"指明明白白之理，也就是立足于超越一切人心相对性的天地自然的绝对真理。

> 物无非彼，物无非是。自彼则不见，自知则知之。故曰：彼出于是，是亦因彼。彼是方生之说也。虽然，方生方死，方死方生；方可方不可，方不可方可；因是因非，因非因是。是以圣人不由而照之于天，亦因是也。是亦彼也，彼亦是也。彼亦一是非，此亦一是非，果且有彼是乎哉？果且无彼是乎哉？彼是莫得其偶，谓之道枢。枢始得其环中，以应无穷。是亦一无穷，非亦一无穷也。故曰：莫若以明。

此段在上文"莫若以明"的基础上，进一步对"以明"——立足于绝对智慧之上的具体含义进行说明。

"物无非彼，物无非是"意在对是非之争的源头，即"是"与"彼"的区别及二者之间的相对性进行说明。人们在存在世界之中区分"是"与"彼"，将自己称为"是"，将他人称为"彼"。然而，区分开"是"与"彼"的本质区别到底是什么呢？假设现在我们将自己称为"是"，将他人称为"彼"，那么此时将他人称为"彼"的我们自身，从他人的角度来看，岂非同样应被称作"彼"？于是，一切存在便皆可称为"是"，亦皆可称为"彼"。并且，"自彼则不见，自知则知之"——人的判断是极为单方面的，有些道理自"彼"的角度也许无从得知，却能"自知"——站在"是"这一边便显而易见。简言之，"彼"与"是"是相对的，"彼出于是，是亦因彼"，也就是"彼是方生"——"彼"与"是"相辅相成，二者只是相对的概念。这正是逻辑学家惠施的主张。

若再将思考深入一些则不难发现，天地间的一切现象、一切价值判断都符合"是"与"彼"之间相对性的道理。生与死、可与不可、是与非的对立都是一样，归根结底都是相辅相成、互为因果的概念。矛盾与对立，才是存在世界拥有的真实面目。万物生死更迭，在方生方死、方死方生之中，只有这一变化的过程是绝对的。而将这过程分为"生"与"死"两部分看待，不过是人们带着偏见对事物进行区分罢了。同理，世间万物，将其立于"可"的立场，则无一物非"可"；将其立于"不可"的角度，则无一物非"不可"。人们将这方可方不可，方不可方可的实在世界，看作或可或不可，这大概只能归结于人心中的妄执了吧。

所以，绝对者——圣人——能够看破实在的真相，他们"不由而照之于天"——在万物的差别与对立面前，不做主观的区分，而是将万物原本之态当作自然本身，将其看作绝对的"一"之世界。"亦因是也"——"是"指真正的是，也就是天，即自然。圣人同样也遵循于天。不过此处的"是"，可以说已并非是"因非因是"的"是",即与"非"相对的"是"
了。此处的"是"应指包容一切对立与矛盾的绝对的"是"。
这之中,"是亦彼也,彼亦是也"——"是"同时也是"彼",
"彼"同时也是"是"。这之中,"彼亦一是非,此亦一是
非"——"是"与"非"合而为一,包含于"彼"之中;"此"
中同样也包含了融为一体的"是"与"非"。"果且有彼是乎
哉?果且无彼是乎哉?"在这个超越了一切差别与对立的绝
对世界之中,没有任何"是"与"彼"之对立。并且,一切
"彼"与"是"互相失去了与自身对立之物后,便形成了"莫
得其偶"的境界。这一境界被庄子称为"道枢"——实在的
真实之相。"枢"原本是指帮助门板开阖的转轴。将转轴嵌入
起固定作用的圆孔之中,门即可随意开闭。同样,道之"枢"
建立在超越了一切对立与矛盾的绝对的"一"之上,足以自
由自在地应对千变万化的现象世界。并且,在道枢的境地中,
"是亦一无穷,非亦一无穷"——"是"与"非"中皆包含着
无穷的真理。也就是说,"此"与"彼"、"是"与"非"等等
一切对立包含的相对性,在根源之处已经融合为一体了。"以
明"说的是,应该具备观照这环中[1]道枢——万物齐同的实在
真相——的智慧。

1　环中,指圆环的中心。比喻无是无非之境。

> 以指喻指之非指，不若以非指喻指之非指也；以马喻马之非马，不若以非马喻马之非马也。天地一指也，万物一马也。

人们因所谓的"小成"，即价值偏见，而使真正的实在——道——被忽视；因人们所谓的"荣华"，即文化的伪善性，使道被歪曲。而在"道枢"之中，道则能显现出其本来面目。在"环中"，即绝对的"一"中，一切存在的对立与矛盾所包含的相对性皆在其根源之处合而为一。此时，事物间的一切差别、对立、矛盾都仅仅是人心的偏颇产物而已。

环中之道枢指的是实在背后那万物齐同的真相。在此真相之中，大即是小，长亦是短，个别也是普遍。

庄子进一步将此间道理，以"天地一指也，万物一马也"加以总结。之所以使用"一指"与"一马"这两种说法，是因为当时公孙龙一派的学者进行过围绕"指"与"马"的诡辩。

诡辩论者认为，"以指喻指之非指"——所谓"指"，其中包括拇指、中指、无名指等概念，而拇指又与中指、无名指互为不同之物。因此，"拇指"并不是"指"。"以马喻马之非马"——白马、黑马、黄马都应包含在"马"中，但白马不是黑马，也不是黄马，因此诡辩论者说：白马不是"马"。他们对每一个概念都进行缜密的分析，通过分析来探求个体的实体性。他们对个别事物的实体性感兴趣，想要探寻真正存在之物。从这一层面看来，他们的诡辩是具有一定意义的。庄子姑且对此予以承认。然而，诡辩论者却将目光局限于诸如手指、马匹一类个别之物，即使再怎么进行严密的理论分析，都无法真正掌握实在的真相。若想要真正探寻实在的真相，就必须要立足于正确的观点。正确观点中，应认识到手指为手指，同时又不是手指；马匹为马匹，同时又不是马匹。"指为指，亦非指；马为马，亦非马"的观点，就是道枢。在真正实在的世界中，一即是多，小即是大，天地之大与手指一根并无区别；万物之多，与孤马一匹亦可相提并论。"不若以非指喻指之非指也"，"不若以非马喻马之非马也"讲的就是这"天地一指也，万物一马也"的万物齐同的境界。

可乎可，不可乎不可。道行之而成，物谓之而然。恶乎然？然于然。恶乎不然？不然于不然。物固有所然，物固有所可。无物不然，无物不可。

而世人总将本为一体之万物分为可与不可，可即可，不可即不可。这可与不可之分，到底缘何而来？其实，这是人们的惯性思考与价值偏见。正如俗话所说，路是人走出来的。原野之中原本空无一物，人走得多了，自然就走出一条路来。同样，原本无名之物，为了方便人们的日常生活，才接二连三地被冠以不同名称。

而人们究竟是以什么为根据断定某一事物为"然",另一事物为"不然"？只是凭借世间的常识与习惯罢了。那些世间普遍以其为然之事，他们便当作然；那些世间以其为不然之事，他们便当作不然。因此，他们做出的判断，全然称不上是绝对（正确）。所谓绝对的立足点，即是指那万物即一马、天地为一指的至极的"一"的世界。站在这绝对的角度看来，无可无不可，无然无不然，万物皆可皆不可，皆然皆不然。所有的"然"皆被当作"然"来看待，而本该是"然"之否定的"不然"，则会经历再一次否定，以"无物不然"的形式被予以肯定。"无物不然，无物不可"——这肯定一切的伟大世界便是道枢的世界，即实在的世界。

故为是举莛与楹，厉与西施，恢恑憰怪，道通为一。其分也，成也；其成也，毁也。凡物无成与毁，复通为一。唯达者知通为一，为是不用而寓诸庸。庸也者，用也；用也者，通也；通也者，得也。适得而几矣。因是已，已而不知其然，谓之道。

一切存在皆无不然，亦无不可。为了更加清晰地展现其中所蕴含的道理，庄子便取"莛"与"楹"、"厉"与"西施"这两组世人心中的绝对相反、对立之物为例进行说明。"莛"为横梁，"楹"为门柱；"厉"同癞，"西施"是芭蕉[1]之名句"雨中合欢花，西施颦眉情更佳，象泻景堪夸"[2]中亦有提及的中国春秋时期的美女。世人坚信，西施美而厉丑；梁水平而横，柱垂直而竖。然而，这垂直与水平、至丑与至美的区分；纵与横、美与丑的对立，皆是源于人们好恶爱憎的妄执。实在世界之中，纵即是横，美亦是丑，纵横美丑之间不仅相同，一切对立都归结于一。"恢恑谲怪"——那些为常识性思维所排斥和拒绝的一切异样、不寻常之物，皆"道通为一"——于实在世界之中原本为一（"恢恑"中"恢"同"诙"，意为荒唐、不符合常识。"恑"为不同寻常。"谲怪"指异常且奇怪之物）。实在世界中，"其分也，成也；其成也，毁也"——浑然为一体的不仅仅是纵横美丑这类空间上的不齐诸相，分散又聚合、成形又毁灭这一类时间上的变化亦是同样。

"唯达者知通为一"——只有达者能体悟真正之道，能看破这万物齐同的实在之真相。因此绝对者"不用而寓诸庸"——"庸"即万物不变的本质，即万物原本便拥有的自然。绝对者不会将人类的价值偏见加诸这浑然一体的实在真相之上，他们抛弃一切是非好恶的妄执，在万物之"庸"中解放万

1　松尾芭蕉（1644—1694），日本江户时期俳谐师、诗人。

2　原句为：象潟や雨に西施がねぶの花。译文出处：关森胜夫、陆坚著《日本俳句与中国诗歌：关于松尾芭蕉文学比较研究》，杭州大学出版社，1996。

物为一的实在真相。

"庸"指万物不变的本质，即万物本身之自然。"庸也者，用也；用也者，通也；通也者，得也"——"庸"同"用"，即有用之用。也就是说，万物只有置身于自然之中，才能够发挥其真正的有用性。而"用"又同"通"，即通行之通，指一切存在只要发挥了各自的有用性，万事皆会畅通无阻。同时，"通"又同自得之"得"，若万事顺利无阻，则一切存在皆可享受自我之生。"适得而几矣"——这万物皆可享受自我的世界，亦被称为"自得之世界"。它才是最高的境界，至极的世界。简言之则为"寓诸庸"——上文所提"因是"，超越于相对的是非之外而遵从绝对的是——自然。并且"已而不知其然谓之道"——恒久地遵循自然，甚至意识不到遵循这一行为本身，达到无心忘我的境界，也就是"吾丧我"的境界，才是真正之道。

"庸也者，用也；用也者，通也；通也者，得也"的"庸""用""通""得"四个字分别读作 yō、yō、tō、tok[1]，相互关联。同时，它们所包含的语义也彼此相关。庄子便着眼于这种相互关联性，展开进一步的论述。一般来说，汉语语言学认为发音相近的一组汉字，其含义也有关联。这一原则

1　此处应为古汉语发音。

在说明各种概念或是论述某一论题时常被使用。例如，在说明"礼"这一概念时，有"礼者，履也[1]"——"礼"即实践；也有"礼者，离也"——"礼"即区别；"礼者，体也[2]"——"礼"即一切行为之本，等等。这些表达通过"履（li）""离（li）""体（ti）"这三个与"礼（li）"字同属一组的汉字，对"礼"进行了说明。庄子为证明"寓诸庸"的结果便是实现万物自得的至高世界时，也使用了这一手法。

"已而不知其然"——"已"承接上文"因是已"，可以看作"因是已而不知其然"省略"因是"二字后的形式。在《养生主》的开头部分也有相似的修辞手法。

　　劳神明为一，而不知其同也，谓之"朝三"。何谓"朝三"？曰狙公赋芋，曰："朝三而莫四。"众狙皆怒。曰："然则朝四而莫三。"众狙皆悦。名实未亏而喜怒为用，亦因是也。是以圣人和之以是非，而休乎天钧，是之谓两行。

世俗之人盲目置身于是非之争中，饱受煎熬，形销骨立，误以为万物之差别可以由言论心知统一，对于实在本为一体

1　出自东汉许慎《说文解字》。

2　出自东汉刘熙《释名》。

这一点毫无所觉。他们的这种愚昧，被庄子称为"朝三"。这"朝三"二字来源于这样一则故事：

古时有一狙公，也就是以驯猴为生之人，他养了很多猴子。一日清晨，他给猴子们喂食，将橡果平均分给它们，说道："早上给你们每只猴子三颗，晚上每只四颗吧。"

猴子们听了对着驯猴人呲牙咧嘴，十分不满。于是驯猴人改口道："那就每天早上四个、晚上三个好了。"

猴子们听到后十分欢喜。

"名实未亏而喜怒为用"——朝三暮四也好，朝四暮三也好，到头来不过是同样事物的不同表现罢了。再怎么改变说法都不会有实质上的变化。而猴子们却或喜或怒，吵闹不已。世俗那些学者先生们的愚昧，又与猴子们的肤浅有何区别？于是庄子说："亦因是也"——只要顿悟到那超越了是非之相对性的"绝对之是"，也就是万物齐同的实在之真相，他们的这种狂态就能够回归理智和安宁。"是以圣人和之以是非而休乎天钧"——所以圣人，也就是绝对者，将那些是非的价值偏见统一为无是无非的和谐，摒弃了一切由心知而生的区分，欣然生活在"天钧"，也就是绝对的"一"的世界之中。在那里，万千事物的矛盾与对立都保持其原有的姿态，可以"两行"——同时存在——这一境界又被庄子称为"两行"。

庄子在此处使用的狙公的典故，是成语"朝三暮四"的出处。前文已说，朝三暮四意为只改变同一事实的外在表象，企图蒙混过关，或指用阿谀奉承来愚弄他人。然而情节本身却很有可能出自庄子的想象，富含庄子式的机智与讽刺，精妙非常。

文中"亦因是也"与"亦因是已"应为同义。前文中可见"因是已，已而不知其然，谓之道"。后文中亦有"无适焉、因是已"的写法（别处也有"亦因是也"的用法，但此处用"已"来解则更易懂。"已"与"也"可考虑是因形近而造成的错别字）。

古之人，其知有所至矣。恶乎至？有以为未始有物者，至矣，尽矣，不可以加矣！其次以为有物矣，而未始有封也。其次以为有封焉，而未始有是非也。是非之彰也，道之所以亏也。道之所以亏，爱之所以成。果且有成与亏乎哉？果且无成与亏乎哉？

上文已讲，道即"天钧"，也就是万物齐同的绝对的"一"。道亦可被称为"两行"，也就是同时包含矛盾对立的双方的混沌。那么，成与毁的对立、是与非的价值偏见究竟是如何在道中出现的？庄子在此着重解释了"道"与"知"——"实在"与"认识"的关系，从认识论的角度探讨了成毁、是非的价值对立形成的过程。概括地说，他认为这一过程应归因于人

54

类精神的虚妄。

"古之人，其知有所至矣"——古时的超脱者拥有无上的智慧。"恶乎至"——无上的智慧是指什么呢？"有以为未始有物者"——他们与"天钧"，即道；以及"两行"，即实在，合为一体，成为"有物"——他们甚至意识不到这即是道。此处的道，是老子所说的恍惚混成之物，是无法具体将其定义为某一特定之物的事物[1]。不，道乃混沌本身，我们甚至不能将其定义为"事物"。与混沌融为一体的境界，忘却了知后获得的知，才称得上是"至矣，尽矣，不可以加矣"——一种至高无上的境界。

"其次以为有物矣，而未始有封也"——若这无上的境界，即体验本身的世界稍稍向人类的认识世界偏离一些的话，"有物"这一判断就变为可能，道的实在性将能够为人所意识。但是，虽然在这一阶段人们能够意识到道，这意识的内容仍然是杂乱无章的混沌。人们并不能从中发现任何"封"——界限或是秩序。在这一境界之中，人们能够意识到与道融为一体的自我，这并非是至高无上的境界，但可谓是与那至高境界最为接近的了。

在第三阶段，则"有封"——混沌逐渐在认识的世界中显

1　此处作者用了一个德语词 etwas，意为某种东西；某物；某事。

现其界限与秩序，道则通过与其一体的万物而显现。也就是说，在这一境界中，一变为多，绝对体现为相对的诸多形式。道原本的"一"分裂成万象的"多"。实在世界本与心知无关，而在这里则被划入人类的认识世界之内。但"未始有是非也"——仍不存在关于何为是、何为非的价值判断。这一境界虽不及"未始有物"的第一境界，低于"未始有封"的第二境界，但其中仍然保留着些微道的纯粹性。

一旦掺杂进是非的价值判断，道便开始衰亡；人类那无药可救的沉迷与固执随即落地生根。"是非之彰也，道之所以亏也"——道如同有生命的混沌，在确立了是非价值判断的同时，它的生命也将走向终结。"道之所以亏，爱之所以成"——在道油尽灯枯后留下的尸骸之中，<u>丛生着人类那好恶爱憎的妄执。</u>

至此，庄子将人类的好恶是非在道中产生的过程分为四个阶段进行了论述。在这过程之中，道这一实在本为绝对的"一"，并不存在"成"与"毁"之分，而人们却认为它"成"并为之欣喜，或认为是"毁"而为之悲伤。这明显都是些无凭无据的迷妄。"果且有成与亏乎哉？果且无成与亏乎哉"中的修辞结构曾在前文中提过，两句疑问句并列出现，实为对后一句的肯定。也就是说，道本没有成亏之分（"亏"同"毁"）。

有成与亏，故昭氏之鼓琴也；无成与亏，故昭氏之不鼓琴也。昭文之鼓琴也，师旷之枝策也，惠子之据梧也，三子之知几乎！皆其盛者也，故载之末年。唯其好之也，以异于彼；其好之也，欲以明之。彼非所明而明之，故以坚白之昧终。而其子又以文之纶终，终身无成。若是而可谓成乎，虽我亦成也；若是而不可谓成乎，物与我无成也。

道中原本无成，也无毁（亏）。关于这一点，我们还可以通过更具体的例子进行解读。

昭文是古时有名的琴师。只要他拨动琴弦，就一定会奏出美妙的旋律。但在那经昭文之手而成的旋律背后，存在着并不依存于昭文之手的无限的旋律。昭文演奏出的美妙乐曲，不过是那无限旋律之中的一小段罢了。不论他如何勤学苦练，对他来说总会留有尚未弹奏过的无限的旋律。他通过"成就"一段旋律，而使得无限旋律"亏缺"。这样看来，他的"成"同时也是"亏"。也就是说，对他来说，成即是亏，这"成"与"亏"相互对立。因此，若想要超越这一对立，使得一切旋律作为一切旋律本身成立，就必须去倾听那没有旋律的旋律——"无声之声"。没有旋律的旋律自然不需要拨动琴弦。这便是"无成与亏，故昭氏之不鼓琴也"的道理。

这一段是以昭文之琴为例展开的例证。而同样的道理，在古代有名的音乐家师旷[1]以及与庄子时代相近的逻辑学家惠子，即惠施的例子之中也有所体现。昭文弹琴，师旷调瑟（琴的一种），惠施辩论。三者皆是人知的极致，也的确可以用来证明人之行动的伟大，不然也不会被载入史册为后世传阅。庄子肯定了这种伟大。同时，庄子也承认他们的伟大乃"好之"——因喜好天道、热爱艺术而不断精进的结果。但是，庄子也说："唯其好之也，以异于彼"——他们虽为向道之人，却将道与人的行动——知与巧——相提并论。道本超越于人的知巧，并不能通过人的作为得以明确。因此，他们是"彼非所明而明之"——站在将不可能视为可能的谬误之上。这反映出他们实质上是本末倒置的。所以惠子才不知疲倦地拘泥于坚白同异之辩[2]，将一生都用在探究这愚蠢至极的问题上。最终，惠子以及继承其思想的后人也没能领悟道的真谛。他们的行为虽可称为伟大，但在至高至上的道面前，却是微乎其微的。因此，如果将昭文、师旷、惠子三人这微乎其微的行为称为"成"——道之极致——的话，像我们这种凡夫俗子岂非也可谓"成"？相反，如果这三人的伟大事迹都不能称为"成"的话，岂非一切人与事都无法被称为"成"？

---

1 师旷，春秋时晋国的著名乐师。
2 坚白同异之辩，指惠子与公孙龙之间关于"坚白"和"同异"两问题的主张和争论。

文中"有成与亏,故昭氏之鼓琴也;无成与亏,故昭氏之不鼓琴也"是将"昭氏之鼓琴也,故有成与亏,昭氏之不鼓琴也,故无成与亏"倒装后的句子。此处使用倒装的目的是为了承接上文"果且有成与亏乎哉?果且无成与亏乎哉"一句。

"师旷之枝策"——师旷是春秋时期晋平公朝中的著名乐师。"枝策"一词虽没有明确解释,但参考《淮南子·泛论训》中"师旷之施瑟柱"的用法,"枝"为支持,"策"为支撑琴弦的竹片,"枝策"可解释为"施瑟柱",即为瑟调音。"惠子之据梧"中的"据梧",与《德充符》的"据槁梧"、《天运》的"倚于槁梧"相同,指倚靠矮几。"三子之知几乎"一句中"几乎"二字,有学者认为应将整句断句为"几乎皆其盛者也"。而参照《世说新语注》[1](《排调》)中引用的"三子之知几乎"之句,可以看出六朝时期多将此句在"几乎"后处断句。"几"与"尽"含义相近(宋林希逸[2]之解)。

"坚白之昧"中"坚白"是庄子时期公孙龙与惠施等人所代表的逻辑学派所提倡的一种诡辩。这一学派分析事物的实体性与属性之间的关系,认为"坚硬的白色石头"并非单一事物,而是"坚硬的石头"和"白色的石头"结合之物,因此又

---

1 《世说新语》,南北朝时期笔记体小说集,由南朝宋刘义庆编撰而成。《世说新语注》,作者南朝梁刘孝标,四大名注之一。

2 林希逸(1193—1271),宋代理学家,著有《庄子口义》等。

被称为坚白同异之辩。"昧"与愚意思相近。

"其子又以文之纶终"中的"文之纶"颇为难解，从古至今的注解各不相同。"纶"字可沿用马叙伦的观点，将其看作"论"的假借字。"文"普遍被解释为"昭文之文"。但笔者认为亦有可能是因写错"父"字而成的。"父之论"指惠施的逻辑学。

是故滑疑之耀，圣人之所图也。为是不用而寓诸庸，此之谓以明。

也就是说，即使是昭文、师旷、惠施这般优秀的人，也无法用智慧与能力来领悟道的精髓。只要他们依然固守通过人的作为来追求道，人的作为与实在本身之间就一定会存在无限的距离。所以圣人，也就是绝对者，摒弃一切作为，将"滑疑之耀"——暗淡且飘渺的光亮，也就是"不明之明"，作为自我的智慧。所谓不明之明，是指舍弃一切价值偏见，将呈现着生命体一般混沌之态的道，看作混沌本身加以理解。也是上文所提"不用而寓诸庸"——不利用是非的相对区分去追求万物之庸，即一切存在的自然性。这滑疑之耀，不明之明，才是真正的明智。前文所写"莫若以明"亦是在强调将这真正的明智作为自我之智。

"滑疑之耀"的"滑"指无秩序的混乱之态。"疑"为不清晰。"滑疑"则指犹如老子所说的"窈兮冥兮""有物混成"的境界。"耀"与"辉"相近，指光亮。简单地说，"滑疑之耀"就是混沌化了的智慧，不明之明。"为是不用而寓诸庸"见本书第48页；"以明"见第41页及第43页。

至此，庄子通过从"夫言非吹也"至"此之谓以明"的部分，用"道枢""天钧""两行"等词对实在之万物齐同的真相进行了解读。同时，亦介绍了能够参透这实在之"道枢""天钧""两行"本质的绝对智慧——"明"。强调通过让这绝对的智慧成为自我之智慧，人们便能够将一切偏见的妄执——是与非、可与不可、然与不然等世间万物的"不齐"之相化为齐同。与此同时，人们的所有狂躁与固执——人心的万籁之音，也会"众窍为虚"，回归其本来的静寂。然而，即使人类的妄执能够通过"明"，也就是通过绝对智慧得以超越，人们又得以什么为根据，来判断（论定）这即是超越呢？世俗之人为"有是非"，庄子则为"无是非"。"有是非"本身也是一种判断（言），"无是非"也属于言（判断）的一种。那么，"无是非"这一论定（判断）相较于"有是非"这一判断（论定）更为正确——又是基于怎样的根据产生判断呢？为了回答这一问题，就必须更加详细地探讨人们的判断与实在本身，也就是庄子所说的"言"与"道"之间的关系。庄子于下文中铺陈的便是关于此问的反思与体会，彰显出了他令人惊叹的缜密的思维与逻辑。

今且有言于此，不知其与是类乎？其与是不类乎？
类与不类，相与为类，则与彼无以异矣。虽然，请尝言之。

"今且有言于此"——庄子权且主张了在绝对的"一"，也
就是道中，无是也无非。但他的这一主张（言的一种）"不知
其与是类乎？其与是不类乎？"——究竟是否与"是"，也就
是世间的是非之争为同物？庄子主张"道无是非"，这的确与
人们"有是有非"的普遍观点相异。但庄子"道无是非"的主
张同时又是一种论争。既然属于争论的范畴，那么与世人"道
有是非"的观点便无甚区别。"类与不类，相与为类"——说
到底，不论庄子的主张与世俗中的论争是否同属一类，只要他
想要通过言论心知的世界解决问题，与世俗争论必然成为一
丘之貉。"则与彼无以异矣"——与彼，也就是与世俗的论争，
并无区别。道本就无法通过人的心知与言论来感知，只有通过
体验才能参透其中真谛。因此，绝对者仅将体验世界视为至上
世界，与混沌相游。而庄子仍说"请尝言之"——我们在说明
一件事情的时候，是无法脱离语言这一媒介的。语言是有局限
的，我们要在时刻意识到这一点的前提下，进一步探讨道与
言——实在与认识之间的关系。

文中"是类""彼异"中的"是"与"彼"都指世俗中的
论争。"请尝言之"——"尝"与"试"含义相似。论述尚未开
始，庄子便提前表明"尝试"之意，旨在向读者说明，用语言

概念来解释道，只是权宜之计。语言如同"指着月亮的手指"，手指是用来指月亮的，并非月亮本身。

庄子在提及道——实在本身——的形态样貌时，大多使用"不知"论，将这一问题抛出概念世界。例如"啮缺问于王倪，四问而四不知"（《大宗师》）、"中欲言而忘其所欲言"（《知北游》）等（著名诗人陶渊明有名句"悠然见南山"，该诗末句"欲辨已忘言"同样也是参照了庄子的此类说法）。因此，当其想要进一步展开对道的说明时，也要像"予尝为女妄言之，女以妄听之"（出自本篇中王倪与啮缺的问答）一样，事先声明之后再娓娓道来。对庄子而言，悟道唯有依靠体验。道是将一切对立与矛盾原模原样总括在内的混沌。其中唯一绝对的价值，就是将其看作混沌本身的价值。这唯一的绝对价值，在认识的世界中被加诸于语言，便丧失了绝对性，堕入了相对价值的范畴。所以，庄子首先便声明："请尝言之。"此时的庄子，与《浮士德》中的歌德一样，吟诵着"理论是灰色的，生命之树长青"（中国禅宗中的体验主义主张不立文字，也体现了对庄子这一思想的继承）。

有始也者，有未始有始也者，有未始有夫未始有始也者；有有也者，有无也者，有未始有无也者，有未始有夫未始有无也者。俄而有无矣，而未知有无之果孰有孰无也。今我则已有谓矣，而未知吾所谓之其果有谓乎？其果无谓乎？

庄子曾将"未始有物"的境界评价为"至矣，尽矣"。但是，就算这一境界位于至高无上的位置，反过来说，既然已经断定其"未始有物"，那么"始"及"有"这二"言"（概念）在这一境界之中便是既定的，是首先必须满足的逻辑前提。

"始"在逻辑上的否定概念为"有未始有始"——无始。"始"一旦成立，其否定概念"无始"也随之成立。而"有未始有始"的成立，同样满足了其否定概念的真值，即"有未始有夫未始有始"——无无始。

另一方面，"有"这一概念既然成立，便意味着其对立方"无"也成立。将上文中的"始"与"无"相结合，并加以否定，则可得到"有未始有无"——无无。

以此类推，若对"有未始有无"进行否定，则有"有未始有夫未始有无"——无无无。这样的逻辑推理可无限循环，没有穷尽。

若再一次反过来思考便会发现，此类诸如"有未始有夫未始有始""有未始有夫未始有无"之言，归根结底还是以"有"为根本的。可以推想，不论是带有多么强烈否定判断的"言"，其根源一般只能是"有—无"这一对纯粹概念。"言"之根本必定是成对的纯粹概念"有—无"。道即实在本身，一旦将道引入言的范畴，就会使得"有—无"这一对纯粹概念得以成立。"俄而有无矣"讲的便是此间道理。

　　若是空有"有—无"概念的形式而没有任何内容，这没有内容的"有"就会与"无"相同，"而未知有无之果孰有孰无也"——很难分辨何为有，何为无。但即使二者的区别难以分辨，"今我则已有有谓矣"——庄子却已经在此处阐明了实在本身之中出现"有—无"的纯粹概念的具体过程。更加具体一些，若单纯只拥有"有—无"这一纯粹概念的形式，那么这单纯的形式是否等同于用语言表达某种具体内容？当我们将概念看作一种判断形式时，这概念只有在摄取了具体的内容，且与一定的形式相结合之后，才有可能拥有意义。这样一来，没有内容的纯粹形式，究竟表达了些什么呢？庄子说："未知吾所谓之其果有谓乎？其果无谓乎？"——单单只有这"有—无"的纯粹概念，是无法表达任何内容的。（本章及第四章的内容均参照了前田利镰[1]所著的《庄子》一书。该书对此部分的解释在笔者看来可谓是最为清晰易懂的了）。

　　　天下莫大于秋豪之末，而大山为小；莫寿乎殇子，而彭祖为夭。天地与我并生，而万物与我为一。

1　前田利镰（1888—1931），日本作家、书法家。著有《临济·庄子》等。

　　庄子对道的阐述，以实在本身为起点，不断向纯粹判断形式"有—无"展开，认为仅有"有—无"的纯粹形式并不能表达任何内容。随即，他笔锋一转，指向了"有""无"这一类范畴需要摄取的内容。所谓应摄取之内容，显然是实在本身——道。道究竟是什么？答案其实很明显：道就是"天下莫大于秋豪之末，而大山为小"——将大小长短等一切对立与矛盾化为齐同的"天钧"，也就是绝对的"一"。因此，道中极小亦是极大，瞬间也是永恒。世人的常识认为，秋季时动物皮毛的末端——动物在秋天长出细密的绒毛好过冬——是渺小之物的极致。道之中，没有比秋季动物皮毛的末端更为巨大之物了。同样，常识将泰山（山东省名山）看作巨大之物中的翘楚。而道之中，却没有任何事物比泰山更为渺小了。没有谁能够比早夭的孩子更加长寿，彭祖那八百年的寿命也不过是短短一瞬罢了。"天地与我并生，而万物与我为一"——悠久的天地也与我的生命一般短暂，万物之多也同我孑然的存在融于一物。一切时间在其中化为一体，一切空间在其中便是齐同。所谓道，便是这样的绝对的"一"。

　　"殇子"指未及成年便死去的短命之人。"彭祖"在《逍遥游》已经介绍过，是古时传说中的长寿之人。"天地与我并生"——在相对的世界之中，天地是亘古悠久的无限之物，自我则是必定衰亡的有限之物。但若站在绝对的道的角度来看，天地那悠久的生命与自我转瞬即逝的生命是同为一体的。"万物与我为一"意为，现象世界之中，花红柳绿，一切存在都呈现着千差万别的姿态。万物之中，自我可谓是微不可见的渺小之物。而在绝对世界，万物之多与自我之一也相等同。

苏东坡笔下有名篇《赤壁赋》，其中有这样一段——"逝者如斯，而未尝往也；盈虚者如彼，而卒莫消长也。盖将自其变者而观之，则天地曾不能以一瞬；自其不变者而观之，则物与我皆无尽也"[1]。这体现出的就是庄子的这一思想。

> 既已为一矣，且得有言乎？既已谓之一矣，且得无言乎？一与言为二，二与一为三。自此以往，巧历不能得，而况其凡乎！故自无适有，以至于三，而况自有适有乎！无适焉，因是已！

"有"与"无"是一对纯粹概念，道则是纯粹概念应该摄取的内容。道，便是上文中"天地与我并生，而万物与我为一"中的绝对的"一"。不过，若是道已经被判断为绝对的"一"，这其中岂不是有破绽吗？既然道超越了一切——彼与是、大与小、长与短等——对立与矛盾，是绝对的"一"，那么究竟如何才能断定，此物为"一"呢？在融为一体的道中

---

1 出自《前赤壁赋》。

"且得有言乎"——"一"这样的言（概念）都没有容身之地。但是，"既已谓之一"——既然已经断定它的属性为"一"，"且得无言乎"——就必须承认确实是将这"一"的言（概念）当作了逻辑前提。"一"不仅是言（概念），同时还要摄取一个被称为"一"的概念实体（道）。"道"被判断为"一"，那么"一"的概念本身（言），与它所摄取的实质内容（即"一"）就形成了二元对立。若从抽象的角度理解"二元"，就会发现"二"这一数字在其中成立，也就是"一与言为二"。同理，将判断产生前的绝对的"一"——实在本身、纯粹体验——与数字"二"相加，又会使得数字"三"成立。道为"未始有物"之境界，即"无"。而若将人类的判断与之结合，则为一，又生二，后生三。混沌本是"未有封"——没有任何形式的，是"有"这一"言"使其具有了实在性。进而，由判断分析中演绎出的数量概念，将会进一步加深混沌具体化的程度。

不过庄子并未在此过多滞留。在他看来，要说明这具体化的原理，只要基于"言"产生的过程并加以类推，解释到"三"便足以为用，并不需要对"多"之世界逐一进行追溯。"自此以往，巧历不能得"——自三至千，乃至万、亿，这是具体化的世界所拥有的无限延展方式，无论是多么"巧历"——善于计算的人——都算不出它的穷尽。"况其凡乎"——更不消说我们这些远不及天才的凡人了。"故"，庄子如是说道，"自无适有，以至于三"——道因"言"的干预而产生了实在性，混沌的"一"能够变为"三"。那么，"而况自有适有乎"——存在世界的主观判断这类从具体到具体的演变，自然是更加杂乱无章且无以收束的分化过程。"无适焉，因是已"——因此绝对者从这混乱与分化中抽身，置身于"有物矣而未始有封"的混沌世界之中，不知不觉与"是"——绝对的"一"，即实在本身——合而为一，一心追随着道之自然而去。

"自无适有"中的"适"同"往"。"巧历"指精通天文历法演算之人。也可将"巧历"看作精于历算之人的姓名。

此时，我们应着重关注庄子的这一段论述："一与言为二，二与一为三……自无适有，以至于三。"乍一看去，这段内容与老子"道生一，一生二，二生三，三生万物"（第四十二章）的说法相似。但老子仅对道的分化与发展进行了一番流溢说[1]式的解读（魏国王弼[2]对此章的注解，是站在庄学的角度对老子进行的解释，可能并非老子的本意）。而庄子则为这一主张赋予了全新的解释，使其拥有了缜密的认识论构造。老子认为"天下万物生于有，有生于无"（第四十章），他所言的道（无）是孕育一切万物的实体，能够生出阴阳二气，生出天地与众

1　流溢说，古罗马时期新柏拉图主义者普罗提诺提出的用以解释万物从某个先验本原产生的学说，认为世界的原初本体是"太一"。
2　王弼（226—249），三国时期魏国哲学家。著有《老子注》《老子指略》等。

人，有着形而上学的一面。而庄子则用认识论重新解读了道的这种形而上学的属性，将其演绎为"言"，即判断形式的纯粹概念。与此同时，他还用辩证的逻辑说明了数字概念产生的具体道理。在解读《逍遥游》时，本书曾经对老庄思想进行了浅显的比较（本书第14页）。而庄子在这里进行的严密的认识论分析，是庄子与老子之间较大的不同。

> 夫道未始有封，言未始有常，为是而有畛也。请言其畛：有左有右，有伦有义，有分有辩，有竞有争，此之谓八德。

在反思道与言——实在与认识的关系的同时，庄子亦阐述了认识的破绽与分化，或者说是认识对实在的杀戮性。他强调，若想要从认识的杀戮性中逃离，顿悟道那仿佛拥有生命的混沌之本质，就必须到达"未始有封"——判断出现前的境界，以及"未始有物"——体验本身的世界之中。庄子已经详尽解释了"无适有"的内容，接下来，他将描绘的是"有适有"的变化过程——相对价值世界的轮廓。八德，便是其概要。

"夫道未始有封"——道即混沌，本没有任何界限与秩序。"言未始有常"——与道相对，"言"则是一种纯粹形式，其本身并不能表达任何内容。然而，一旦"言"将道（混沌）吸收成为自身的具体内容，换句话说，一旦实在被应用于概念世界，道的界限秩序，也就是"畛"，便会应运而生。接下来，本书就尝试浅谈界限秩序。

"有左有右"——最先产生的，是左右秩序，也就是对偶的观念。随即便有了"有伦（论）有义（议）"——议论，也就是对两事物的比较与讨论。进而则会出现"有分有辩（辨）"——对二者差异与价值的辨别。接下来则有"有竞有争"——那些被赋予价值之物间的对立与斗争。"左右""伦议""分辩""竞争"并称为八德。这八德，说的是人在道中加入主观区分后获得的八种事物（"德"同"得"，得到）。

"畛"与封相近，指世间的界限秩序。"有伦有义"中的"伦"与"义"，有其他作品（晋崔撰[1]之解）将它解为"论义"，本书认为应沿用这一观点。"论义"同"论议"，"有论有议"与下文"圣人论而不议"相呼应。"有分有辩"中"辩"通"辨"。

六合之外，圣人存而不论；六合之内，圣人论而不议；春秋经世先王之志，圣人议而不辩。故分也者，有不分也；辩也者，有不辩也。曰："何也？"圣人怀之，众人辩之以相示也。故曰：辩也者，有不见也。

1　崔撰（生卒年不详），东晋人。以注《庄子》闻名。

圣人，也就是绝对者，他们放下一切心知上对事物的区分，逍遥于绝对的"一"。因此，就算"六合之外"——独立存在于宇宙之外的神秘世界——确实存在，圣人也只是任凭它存在，并不予以讨论。对于"六合之内"，也就是宇宙内部之事，圣人会对普遍现象进行议论，却不会拘泥于细枝末节。

《春秋》中记录了古代帝王治国理政之史。圣人会详尽地讨论其中记载的具体事实，却不会对其做出武断的价值评判。

世俗之人却将自身对事物的区分评判视为绝对，三言两语便轻易做出价值判断。这是因为他们全然意识不到他们所谓的区分，并不是真正的区分。"辩也者，有不辩也"——真正的辨别区分，是不曾区分过的区分。何谓不曾区分过的区分？那必然是将一切对立与差别原封不动地纳入怀中的智慧，也就是"圣人怀之"。相反，世人则经常自鸣得意地将自己的区分随意说给别人。因此，真正的区分也可以说是将自己的区分隐于心底，不到处炫耀的智慧。

"六合"指天地与四方，也就是宇宙。"春秋经世先王之志"——此句难解，至今已经有多种不同的解读。"经"可理解为治理之意，"志"同"识"，指载入书中的内容，也就是记录。《春秋》应是庄子所处时代流传的一本古代史书，并不一定指孔子编撰的那一本《春秋》。《论语·灵公》曾在记录孔子之言时使用了与"圣人怀之"相似的表达。

夫大道不称，大辩不言，大仁不仁，大廉不嗛，大勇不忮。道昭而不道，言辩而不及，仁常而不成，廉清而不信，勇忮而不成。五者园而几向方矣！

通过上述论证可知，大道，也就是真正的实在，超越于名称概念之外；大辩，也就是真正的辩证，是不将辩证付诸于语言的。"大仁不仁，大廉不嗛，大勇不忮"——真正的仁爱反而会否定仁爱，真正的廉让反倒不会谦逊卑下，真正的勇猛其实从不伤害他人。所以，用名称概念进行过定义说明的道，反而不能称之为真正的道；越是用繁琐复杂之"言"进行辩证，就越是与真实背道而驰；仁爱若是局限了对象，就失去了其普遍性；清廉若是过了度，则会失去权威；勇猛若成了暴力，便不再称为勇猛。

简言之，"大道""大辩""大仁""大廉""大勇"五者，就如圆周之中的圆周角一般。圆原本是圆融无碍的，却在与直线相交后形成了三角形、四角形。同理，大道为概念所害，大辩为言论所害，大仁为固执所害，大廉为狷介所害，大勇为暴力所害，其内部无不隐藏着局限化、不自由化的倾向性。

"大廉不嗛"中"嗛"同"谦"（参照民国奚侗[1]之注），"大勇不忮"的"忮"与害同义。由于"仁常而不成"中的

---

[1] 奚侗（1878—1939），民国时期史学家。著有《庄子补注》等。

"不成"与下句"勇忮而不成"之"不成"重复，亦有文献将其写作"不周"（宋陈景元[1]《庄子阙误》中所引江南古藏本）。"园"同"圆"。

故知止其所不知，至矣。孰知不言之辩，不道之道？若有能知，此之谓天府。注焉而不满，酌焉而不竭，而不知其所由来，此之谓葆光。

于是庄子得出结论：至高无上的智慧就像一个永不会被直线截为两半的圆，不因是非偏见而折损，是"知止其所不知"——洞察极限且从不逾越的智慧。而绝对真理则是一个看似矛盾的概念：但凡能够被领悟的，都不能称之为绝对真理；反倒是并未被察觉的才是绝对的真理。只有当一个人真正理解了这一悖论，他才能开启那无限丰饶的生命宝库。"不言之辩"是不发一语的雄辩；"不道之道"是否定真理的真理。若是有人能够真正领悟这二句，他想必就是那心中怀有"天府"——天然自然之宝库——的人。他心中必有一片无际的生命之海，向其中倾注，永不会溢满；从其中取水，永不会枯竭。这海水并非从某处而来，亦不会往某处而去。他超脱于一切渺小凡尘

1　陈景元（1024—1094），北宋道士，陈抟学派重要人物。著有《南华真经章句音义》等。

之外，在生命之海那无穷尽的自由中逍遥而行。在这境界之中，一切人心之偏见，以及由偏见发出的万籁之声——嘈杂喧嚣的是非之争——会悉数归于本来的静寂。这一境界，被称为"葆光"。"葆光"即"葆之光"，也就是指绝对的智慧（"葆"同"宝"）。

> 故昔者尧问于舜曰："我欲伐宗、脍、胥敖，南面而不释然。其故何也？"舜曰："夫三子者，犹存乎蓬艾之间。若不释然，何哉？昔者十日并出，万物皆照，而况德之进乎日者乎！"

在绝对智慧，也就是葆光之中，人心的一切狂躁与沉迷都得以解放，恢复原本的安宁。庄子在强调葆光伟大的同时引出了最终的结论，最后又缀以一则故事来表达对这伟大之智的赞扬，以此收束此篇的论述部分。这则故事，讲的便是尧与舜之间的问答。

古时，尧君临天下，舜则是当时出类拔萃的有德之人。尧向舜提问道：

"宗（崇）、脍、胥敖三国触逆于我，我要出兵讨伐。可我却无法释然。虽说是不得已而为之，我身为这天下的统治者，却仍要使用武力。这无法释怀之感，究竟是缘何而起？"

舜听后答道：

"那三国的王，皆是杂草丛生尚未开化之地的野蛮番族，是连绝对者之德为何物都不曾知晓的可怜之人。所以你不必犹豫不决，为其烦忧。不过，在暴力讨伐之前，你为何不考虑以德感化他们呢？据说，过去天上曾经同时出现了十个太阳，世间万物都被那光芒照得无处遁形。而绝对者之德，绝不输于那十个太阳的光芒加在一起的作用，甚至更加伟大。你真正应该放在心上的，难道不是努力去成为一个有着伟大德行之光的绝对者吗？"

著名学者马叙伦认为，"宗脍胥敖"与《人间世》中的"业、枝（快）、胥敖"一样，应是三个国家的国号。

"宗"同"崇"，应是指《尚书》等古籍中"放驩兜于崇山[1]"所指的崇山（此处引自清孙诒让[2]）。据考，崇山应位于今湖南省澧县（洞庭湖之西北）。

"脍"亦可写作"郐"或"桧"，应指《诗经》中收入的地方民谣《桧风》所唱之地（引自清洪亮吉[3]）。郐国大致位于今河南省密县[4]一带。

"胥敖"应为云贵丘陵地区的苗族部落。这一说法来自清

---

1 出自《尚书·舜典》。
2 孙诒让（1848—1908），晚清时期经学大师。著有《庄子札迻》等。
3 洪亮吉（1746—1809），清代经学家。著有《春秋左传诂》等。
4 今河南省新密市。

朝朱亦栋[1]的考证。苗族本居于黄河流域，后因汉族的压迫迁至西南。《尚书·舜典》以及《庄子·外篇·在宥》等作品中也可见到"投三苗于三峗"的记载。庄子笔下的这一段尧舜的对答，想来是他基于当时民间盛传的这些传说而创作出的故事。

另外，气流变化有时可造成同时出现数个太阳的虚像。"昔者十日并出"说天上同时出现了十个太阳的现象，很有可能是因这一天气现象虚构出的故事。据说蒙古一带至今仍偶有该现象出现。"蓬艾"两字皆指杂草。

《齐物论》自开篇至此处尧舜问答，首先是借南郭子綦的天籁之说，说明了庄子式的绝对者那忘我超脱之境。进而又讲述了成就这忘我超脱的万物齐同之理，引出了将狂躁与沉迷等人心之万籁当作天籁倾听的智慧。随后深入地探讨了人类的概念性认识与实在之间的关系，以及言知相对于道而言的局限性。最后，通过尧舜之间的问答抒发对葆光——绝对智慧的赞颂。庄子用以上这些论述，构建成了《齐物论》的主要内容。随后，他又附上四则长短不一的故事，以对上文之主张进行更为具体的补充说明。

第一则故事中，王倪与啮缺为虚构人物。庄子通过二人

1　朱亦栋（生卒年不详），原名芹，清朝乾隆年间文人。著有《周礼札记》等。

的对话，粉碎人们的价值偏见与主我的排他[1]之心，从而衬托出绝对者超然的超脱，以及无拘束的绝对自由。虚构出的二人中，王倪代表了伟大的"一"，而"啮缺"二字本就有紧咬不放之意，暗指对事物的过分拘泥。

　　啮缺问乎王倪曰："子知物之所同是乎？"曰："吾恶乎知之！""子知子之所不知邪？"曰："吾恶乎知之！""然则物无知邪？"曰："吾恶乎知之！虽然，尝试言之：庸讵知吾所谓知之非不知邪？庸讵知吾所谓不知之非知邪？

　　某日，名为啮缺的男子向他的老师王倪提问道（关于王倪为啮缺之师的详细记载可见于《庄子·外篇·天地》）：

　　"老师，道乃真理之源，一切存在在其中均为'是'。那您是否知道，道究竟是怎样之物呢？"

　　"我根本就不知道什么是道。"

　　"也就是说，您知道您并不知道何为道？"

　　"我也不知道。"

　　"难道说，世间一切都是不可知的吗？"

1　原文使用"独善（どくぜん）"一词，指认为只有自己正确，他人皆不如自己。排他主义，指任性、自以为是的状态。

"我还是不知道。不过难得你勤学好问，我且试着说说吧。所谓'知'，也就是判断，乃彻彻底底的相对之物，是无半分绝对可言的。

"因此，即便我现在说自己知道些什么，这'知道'可能实际上就是'不知道'。相反，虽然我说不知道，也许这'不知道'反而却是'知道'。"

上文已经解释过"尝言之"的含义（见本书第61页）。道，也就是真正的实在，是超越了语言概念之物，无法用语言来把握。但是，若不通过语言，人便无法表达任何内容。故而王倪才说，尝试着说一说。"庸讵"与"何以"相同，皆用来表示反问。"恶乎知之……非知邪"是古汉语常用句式，表推测，意为"也许……"。

"且吾尝试问乎女：民湿寝则腰疾偏死，鳅然乎哉？木处则惴栗恂惧，猨猴然乎哉？三者孰知正处？民食刍豢，麋鹿食荐，蝍且甘带，鸱鸦耆鼠，四者孰知正味？猨猵狙以为雌，麋与鹿交，鳅与鱼游。毛嫱丽姬，人之所美也；鱼见之深入，鸟见之高飞，麋鹿见之决骤，四者孰知天下之正色哉？自我观之，仁义之端，是非之涂，樊然淆乱，吾恶能知其辩！"

"如此，我便再试着问你一问。

"人若是常年生活在阴暗潮湿之处，便很容易患上腰痛或半身不遂之症，而泥鳅却经常钻进淤泥之中也没事。还有，若是人到了树上去，必定会抖如筛糠，心惊胆战，猴子却能够在树与树之间窜来跳去。那么，在人与泥鳅、猴子这三者中，究竟谁才是真正知道自己正确居所的一方？人类自以为是地自称万物之灵长，坚信自己的居住方式才是最好的，着实让人费解。

"对食物的喜好也是一样。人以牛羊猪这类家畜为食；麋鹿吃原野上的青草；蝍且，也就是蜈蚣，喜吃蛇；鸱与鸦则吞食老鼠。人、麋鹿、蜈蚣、鸱鹰与乌鸦之间，到底哪个才是真正知晓食物味道的呢？

"至于情色，也是如此。猿与一种名为猵狙的猴子交配，麋与鹿痴缠，泥鳅与鱼同游，人们则将毛嫱与丽姬奉为绝世美人。然而，若是让动物们遇到了这绝世美人，鱼要被吓得沉入水底，鸟会被惊得四散高飞，麋鹿势必也会飞奔而逃。这样一来，到底什么才能算是这世间真正之美呢？猿、泥鳅、鹿、人之中，又有哪个是真正懂得美的呢？不能一概而论。

"这般想来，人的判断必定不是绝对的。人们之所以认为是绝对，不过是以自我为中心的自负以及独断的偏见罢了。因此，虽然世间之人感叹仁义，感叹是非，这感叹中的线索与途径，却是樊然——全部搅和在了一起。哪些是仁，哪些是义，哪些是是，哪些是非，是决计无法轻易分辨得出的。"

在王倪的这段话中我们应特别关注的，是人类与自然的混淆，人在自然之中的混沌化。

上文中庄子在讨论了人心中概念认识与实在之间关系的基础上，说明了摒弃主观判断而不断向"未始有物"之境沉淀的过程。这一过程便是人类心知的混沌化。

一直以来，人类历史在自身"文化"的笼罩下与自然背道而驰。甚至可以说，所谓文化，便是从人与自然的乖离之中产生的词语。人类在与自然的乖离之中更是孕育出了孤傲、自负与偏见。人类生于自然，源于自然，反而让自然在他们的孤傲、自负与偏见之中受尽摧残与凌辱。如今，摧残与凌辱让他们在这个时代中自鸣得意，也让他们几近窒息。庄子此处所写，犹如对现代人的窒息发出声声讽刺，辛辣非常。

的确，人酷爱食肉，鹿酷爱吃草。庄子则反问道，又有什么证据能够证明，吃肉的人类就比吃草的鹿高上一等？当然，他并不是在奉劝人们放弃肉，改去吃草，而是为了警告世人，人类那些毫无根据的自以为是将会成为毁灭人类自身生命的陷阱。"毛嫱丽姬，人之所美也；鱼见之深入，鸟见之高飞，麋鹿见之决骤"——读至此句，想必人人都能从中感受到庄子那奔放且不受常识束缚的嘲笑吧。

"偏死"是诸如风湿、中风等导致半身不遂的疾病。

"猨""猴""猵狙"皆指猴子。"麋"与"鹿"都是鹿。"荐"为草,"带"为蛇,"耆"同"嗜"。"刍豢"的"刍"指牛羊等草食动物,"豢"则是猪狗一类食谷物的动物。"毛嫱"与《大宗师》中的"无庄"为同一人,是古时有名的美女。"丽姬"又作"骊姬",从下文可知她是春秋时期晋献公宠爱的美人。

    啮缺曰:"子不知利害,则至人固不知利害乎?"王倪曰:"至人神矣!大泽焚而不能热,河汉冱而不能寒,疾雷破山、风振海而不能惊。若然者,乘云气,骑日月,而游乎四海之外,死生无变于己,而况利害之端乎!"

啮缺听了王倪的解释,又开口问道:

"以老师之意,人的价值判断都是相对的,无法轻易分辨出何为真正之利,何为真正之害。如此一来,难不成那至人,也就是绝对者,也全然不将利害得失放于心中吗?"

"既是绝对者,说明他是超越了一切凡尘之事的灵妙之人。使大湖变为焦土的炽热、使大河冰封的极寒,都不能使他有所变;天雷开山裂石,狂风惊起巨浪,他也不为所动。绝对者便是这般,远远超脱于世俗之外,在天幕中乘云驾雾,横跨于日月之间,逍遥于宇宙之外。对他来说,死生也无两样——连令世人最为恐惧悲伤的死生变化都不会在他心中激起任何涟漪,更何况区区得失利害,这简直从一开始就不会存于他心中。"

"大泽焚而不能热，河汉沍而不能寒"与《逍遥游》中
"大浸稽天而不溺，大旱金石流、土山焦而不热"或是《大宗
师》中"入水不濡，入火不热"内容相近，都是庄子常用来形
容绝对者的修辞。以至于后世之人，譬如禅宗，也常用这些
说法描写解脱者的境界。此外，"疾雷破山、风振海"一句在
另一抄本（江南李氏本，转引自宋陈景元《庄子阙误》）中为
"飘风振海"，此处理应补全"飘"字，否则两句不成对，颇为
怪异。"沍"同"冻"，"河汉"指黄河与汉水。

瞿鹊子问乎长梧子曰："吾闻诸夫子：圣人不从事于
务，不就利，不违害，不喜求，不缘道，无谓有谓，有
谓无谓，而游乎尘垢之外。夫子以为孟浪之言，而我以
为妙道之行也。吾子以为奚若？"

这是第二则故事。

故事借瞿鹊子与长梧子之对答，讲述绝对者眼中生死变化
与是非对立皆为一体之态。通过绝对者在超越时空的绝对世界
之中逍遥享受无限自由的境界，体现绝对者宇宙天地般壮阔的
人格（瞿鹊子、长梧子应该是庄子虚构出的人物。可想象长梧
子是一个在高大的梧桐树下冥想的人，瞿鹊子则是个如鹊鸟一
般饶舌聒噪的人。故事中将其设定为孔子门徒）。

一日，孔子门下弟子瞿鹊子向得道者长梧子问道：

"我的老师孔子曾说，圣人，也就是绝对者，他们超脱于世俗之外，不沾染任何俗世。将利害视为一物，既不趋利，亦不避害。不因为人所求而欢喜，也不一味拘泥于道而墨守成规。而且，他就算沉默，也是在用不能言物之语诉说着什么。就算他说话，所说内容也只是无心之言，与沉默没有区别。他虽然置身于世俗之中，可他的心却远远逍遥于世俗之外。

"然而老师本人却否定了这由他亲口描述的绝对者，认为这般境界，到底是现实不需要的，至多不过是虚构的言论、观念的游戏罢了。

"在我看来，这才是真正顿悟大道的绝对者该有的高尚实践。您又如何认为呢？"

"不喜求"另有一解，为不喜爱追求。此处沿用晋郭象的看法，解释为为人所求之意。"孟浪"又作"漫澜"，指内容空洞、无凭无据之事。所谓"孟浪之言"，简单来说，就是无稽之谈。"奚若"同如何。

长梧子曰："是黄帝之所听荧也，而丘也何足以知之！且女亦大早计，见卵而求时夜，见弹而求鸮炙。予尝为女妄言之，女以妄听之。奚？旁日月，挟宇宙，为其吻合，置其滑涽，以隶相尊？众人役役，圣人愚芚，参万岁而一成纯。万物尽然，而以是相蕴。

84

长梧子听罢答道：

"绝对者的境界，据说就连被称为无上智者的黄帝听了后，都无从判断其中真伪，更遑论孔子？他无法理解也在情理之中。毕竟他是一个将'未知生，焉知死[1]'贯彻得很是彻底的现实主义者。

"孔子如此便罢了，可你竟然也同样急于求成，居然以为那点儿肤浅的理解就算是看透了绝对者的伟大了。你看，不是有这样一个比喻吗——见到一颗还未孵化的蛋，就想着让它打鸣叫早；看到一粒用来打鸟的弹丸，便想着要吃烤鸟肉。你且听好，接下来，我就为你仔细讲讲，绝对者真正的伟大和他真实的姿态。不过，这真实之态并非是语言能够描述得清的。所以这至多只是姑且说明之，我也无法保证能将那真实说出几分来。你可要记住这一点。

"所谓绝对者，他那伟大的德行仿佛普照万物的日月光辉；那伟大的包容力甚至能将这浩瀚无垠的宇宙轻松夹于腋下。他与道——实在本身——融为一体，摒弃一切区分与妄念，将暗淡摇曳的'不明之明'当作自己的智慧，将自我置于奴隶般的卑贱地位，从而尊重所有人。世人一味沽名钓誉，一生过得犹如拉车的马匹，苟延残喘。绝对者则不同，他舍弃是非区分，

1　出自《论语·先进》。

将利害得失视为一物,在无心忘我之境中安然享受自我的愉悦。因此,从表面上看,他与一个愚钝之人并无两样。他融入永恒的时间中,与时间本身合而为一。以这浑然一体的境界,来维持自身的纯粹性。在他眼中,一切存在的矛盾与对立保持着原本之态,他将万物纳于与道为一体的自我之中。所谓绝对者,便是将此境界作为自身境界的至高至大之人。"

"听荧"的"荧"与"惑"同义。"丘"乃孔子之名。"时夜"指根据鸡鸣推断时间。"鹐"指小鸠(引自晋司马彪[1]之注)。"奚"为如何。"旁日月"中"旁"同"方"。"吻合"指严丝合缝完全契合。"滑涽"应与上文"滑疑"(见第59页)相同。"置"此处可解为"置身于"。紧接而来的下一句"以隶相尊"便十分棘手了,可理解为"让自己如奴隶一般低下谦卑,从而尊重所有其他人"之意。郭象虽在注解中将两句合在了一起,即"置其滑涽以隶相尊",笔者则认为此句并非该意。"愚芚"中"芚"指愚钝之貌。末尾处的"蕴"则有包容、蕴含之意。

"予恶乎知说生之非惑邪!予恶乎知恶死之非弱丧而不知归者邪!丽之姬,艾封人之子也。晋国之始得之也,

---

1 司马彪(?—306),西晋时期史学家。著有《庄子注》等。

涕泣沾襟。及其至于王所，与王同筐床，食刍豢，而后悔其泣也。予恶乎知夫死者不悔其始之蕲生乎？

"先前那些说的主要是绝对者的伟大。接下来就顺带着再多说几句吧。"

"其实我吧，"长梧子继而说道，"不理解世人为何会因生而喜悦，因死而悲伤。世间之人为生而喜，但这欢喜的感情不正是人们可悲的妄执吗？世俗之人憎恶死亡，但死亡难道不是人类回归原本自然吗？自幼背井离乡的人在漫长的岁月中四海为家，虽然可能会忘记自己本该归去的故乡，但失去故乡之人真正的悲剧，难道不是因为他们憎恶死亡吗？"

"古时候有一美人，名为丽姬，本是艾国一守疆人的女儿。最初，晋国俘虏她时，她为自己不得不被掠到他国去的悲惨命运而悲伤，眼泪如雨点一般沾湿了胸前的衣襟。然而当她终于被带进了晋国的宫殿，与晋王同卧一塌，每日珍馐不断，她感到了无比的幸福，不禁为之前自己流的眼泪感到后悔。谁又能保证，生与死的变化就一定与此不同？死去之人也许同样会因为自己曾哭喊着想要继续活而感到后悔。"

"弱丧"中"弱"同"若"，"丧"指离开故乡。年纪尚轻便背井离乡、在别国流浪的人被称作"弱丧"。"丽之姬"与上文中"丽姬"同指一人。"丽"亦可写作"骊"，是西戎之地一

国名[1]。丽姬是西戎的美人，晋献公征伐而来时掠走了她并将她
纳入后宫。在那之后，她利用晋献公的荣宠参与政事，致使晋
国朝政大乱。《春秋左氏传》中详细记载了其中经过。"筐床"
可指安逸舒适的床榻（参引自晋司马彪之注），也可以是四角
形的床榻（晋崔撰之注），总之，就是指高档的床榻。"刍豢"
在上文也曾出现，指用猪肉牛肉等制成的佳肴。"蕲生"的
"蕲"意为求。

"梦饮酒者，旦而哭泣；梦哭泣者，旦而田猎。方其
梦也，不知其梦也。梦之中又占其梦焉，觉而后知其梦
也。且有大觉而后知此其大梦也，而愚者自以为觉，窃
窃然知之。君乎！牧乎！固哉！丘也与女皆梦也，予谓
女梦亦梦也。是其言也，其名为吊诡。万世之后，而一
遇大圣知其解者，是旦暮遇之也。

长梧子仍旧娓娓道来。

"另外，在梦中饮酒作乐之人，月落日升，便会因悲哀的
现实痛哭流涕。相反，那些在悲伤的梦境中涕泗横流的人，到
了白天却精神抖擞，心情愉快地出门打猎。身处梦境之人，是
无法意识到此处便是梦中，甚至还会在梦中再起梦中之梦。只

1　骊戎，古代少数民族名。西戎人的一支。国君姬姓。位于今陕西省临潼区骊山。

有在真正醒来之后，才会发现那竟是个梦。人之一生，也是如此。无数人把自己的人生当作梦境活着，又在这梦境一般的人生之中追求着无止境的梦。然而，清晰意识到这是梦的人，究竟能有几个呢？

"不过，若想要意识到这梦境的真面目，就必须要经过一次伟大的觉醒。只有伟大的觉醒者，也就是顿悟了绝对真理的人，才能从那巨大的梦境之中解放出来。然而那些愚蠢的世俗之人，自认为已从梦中清醒，自以为是地认为自己很有智慧，将自己看重的人尊为君主，如对待奴隶一般轻贱自己厌恶的人。这都是些爱憎好恶的偏见，他们却引以为豪。简直是冥顽不灵、无药可救。

"说到底，孔子把绝对者的存在说成是'孟浪之言'——荒唐无稽的观念游戏，你却还大赞孔子的这种言论为'妙道之行'——是解脱者的伟大实践。你们两个都做着一场春秋大梦。不，不止是你和孔子。我认为你和孔子都在做梦，但我自己其实也是身处梦境之中。不过，像我这样把一切都说成是一场梦，这种言论实在是很奇特怪异，从常识来想是很难接受的吧。所以我的这种论调才被称为'吊诡'，也就是迥异于世俗常识的至极之言——怪诞之谜。但是，能够揭开这谜团的绝对者，恐怕几十万年也遇不到一个吧。就算几十万年中有幸遇到一个，与绝对者的相遇，甚至可以说是如同在每日日出与月落之间相遇一般，皆是十分少有的[1]。"

"田猎"指狩猎。"窃窃然"是自作聪明的样子。"君乎牧乎"为难解句。郭象认为"君"取贵之意，"牧"为贱之意（牧在此处解释为牧圉，饲养牛马之人）。世间万物本来为一，世人却根据爱憎好恶的偏见，将万物区分出是与非、贵与贱来。本书也援引这一解法。"吊诡"中"吊"与"至"同，指至极。"诡"与之前出现的"恢诡谲怪"的"诡"一样，是与世间常态不同的怪诞之物。"万世之后，而一遇大圣知其解者，是旦暮遇之也"指，虽说是万世一遇，但与每日经常遇见一样，都是十分罕见之事（一世为三十年）。先秦时期的古籍中常出现相似的写法。比如《韩非子·难势》中"且夫尧、舜、桀、纣千世而一出，是比肩随踵而生也"便是其中一例。

　　"既使我与若辩矣，若胜我，我不若胜，若果是也？我果非也邪？我胜若，若不吾胜，我果是也？而果非也邪？其或是也？其或非也邪？其俱是也？其俱非也邪？我与若不能相知也。则人固受其黮暗，吾谁使正之？使同乎若者正之，既与若同矣，恶能正之？使同乎我者正之，既同乎我矣，恶能正之？使异乎我与若者正之，既

---

[1]　道之中不存在是非、长短、多寡之分，故而几十万年一遇与每日一遇是无分别的。

异乎我与若矣，恶能正之？使同乎我与若者正之，既同乎我与若矣，恶能正之？然则我与若与人，俱不能相知也，而待彼也邪？"

长梧子随即说道：

"刚才我说人们的判断是片面的，没有任何可取之处，就如同在梦中说梦一样。接下来，就说说这判断的相对性好了。

"打个比方，假设我们针对某件事的是非进行了一场辩论。如果你赢了我，我输给了你，便是意味着你为是，我为非吗？或者反过来说，如果我赢了你，你输给了我，那么我就是对的，而你就是错的了吗？辩论的输赢与其中的是非并不一定是一致的。所以，也不能直接将成败替换为是非。

"若是如此，你与我之间，是一方正确、另一方错误呢，还是两人都正确，或是两人都错误呢？这并非是我们两个辩论的当事人能够决定的问题。

"那么，既然身为当事人的你与我无法决定，就只能由第三方来判定了。可所谓第三方，便是局外之人，是置身于'黫暗'，也就是彻底的黑暗中的人。因此，就算让你我之外的某人来判定你我之中谁是谁非，那也是不可能的。如果那个人同你持有相同的意见，那么一个与你有着相同看法的人便不能做出你我之间的是非判定。如果是和我抱有同样想法的话，也是一样。

"可是，若是让一个和你我的意见都不相同的人来判断的话，他所想的和你我之中谁都不同，也是无法做出正确判断的。相反，如果是一个和你我两人想法皆相同的人，也是无法判定的。到头来，不论是你、我还是第三方，都无法做出是非的判定，还能期待谁来做出这种判断呢？没有哪个人能够做得了这种判定。"

"何谓和之以天倪？"曰："是不是，然不然。是若果是也，则是之异乎不是也亦无辩；然若果然也，则然之异乎不然也亦无辩。化声之相待，若其不相待。和之以天倪，因之以曼衍，所以穷年也。忘年忘义，振于无竟，故寓诸无竟。"

"也就是说，只要是试图通过言论心知来解决是非的对立，不论是当事人或是第三方，都是无法做到的，甚至会让对立中产生新的对立，最终只是一味地让精神遭受无限喧嚣的折磨罢了。如果人们想要让这无止境的消磨回归本来的平静，就必须抛弃以言论心知解决问题的观念，'和之以天倪'——用天倪来让是非对立和解。所谓天倪，与之前说的天钧一样，也就是绝对的'一'。不过，什么叫作通过天倪来让是非对立和解？

"常识认为，'是'与'不是'对立，'不是'也与'是'对立。若是他们所谓的'是'与绝对的'是'为同物，这绝对的'是'是不可能允许任何能够否定它的'不是'存在的（因为'是'若能够兼容否定，便不能称之为绝对的'是'）。即便如此，否定了'是'的'不是'仍能够存在，这不就是意味着，这'是'并非是绝对的'是'吗？世人认为，'然'与其否定'不然'相对立。但如果他们所谓的'然'真的是绝对的然，那么否定这绝对的'然'的'不然'是不可能存在的。'不然'所否定的'然'，并非绝对之'然'。

"如此，是与不是，然与不然，便陷入了彼此相互否定之中，无限循环。是非争论重复着'化声'，也就是这无穷尽的循环与变化，这是完全相对的存在，因此，这对立也'若其不相待'——如同从一开始就不存在一般。"

庄子通过长梧子阐明了自己的观点：只要是想要通过议论来控制是非对立，就算得出了所有人都接受的结论，也是徒然。人类语言的首要功能就是辨别是与非。但是，当人之言语自省吾身时，那被反省的言语中就只剩下徒劳和眩晕的精神了。庄子则是试图让这精神的眩晕平复到理智的安宁中去。

另外，庄子在这一段中的论述，与亚里士多德的一次论证（加缪在《西西弗神话》中也引用了相关的内容）形成了令人玩味的对照。本书对此进行简要的说明。众所周知，亚里士多德是古希腊时期的大哲学家，生于公元前384年，并于公元前322年去世，与庄子所处时期大致吻合。

因为肯定一切都是真的，我们就肯定了相反结论也是真的，而因此，也就肯定了我们固有论题的谬误性（因为相反结论不允许它是真的）。如果有人说，一切都是假的，那这个结论也是错误的。如果有人宣称，只有与我们的结论相反的结论是错误的，或者只有我们的结论才不是错误的，那我们似乎就应该被迫承认无穷的正确的或错误的判断。因为，作出这个正确结论的人同时说出这个结论是正确的，以此类推直至无限。[1]

综上所述，是非之争是完全相对的概念。既然它是相对的，那么是非的对立便等于从一开始便不存在。绝对者置身于那并不存在是非之争的初始的境界——天倪，也就是本来的"一"之中，让这些对立归于和谐。"和之以天倪"便是此意。"因之以曼衍"——"曼衍"指的是尚未确定界限与秩序，也就是"未始有封"的境界。通过天倪，也就是绝对的"一"让是非对立归于和谐，让人们的主观区分在曼衍，也就是判断尚未出现的未始有封的境界中趋于混沌，只有这时，才能实现人类精神真正的安宁与解放。以此来"穷年"——让自己那天赋的年寿得以善终。

1　中文译文引自杜小真译《西西弗神话》，人民文学出版社，2012年，26页。

真正想要终享天年，必须先忘却年岁本身。所谓绝对者，便是忘却了一切时间虚构的年龄意识，忘却了一切"义"——心知偏见、是非之分，超越了一切时间与空间的不齐之相，逍遥在"无竟世界"之中的人。他们是将无限的世界作为自我栖身之所的存在——"寓诸无竟"。

长梧子就此为自己大段的说明画上了句号。

关于文中出现的"化声"，自古各家对它的解释皆不相同。本书选择引用郭象的注解，将其解为是非之争。"天倪"的"倪"指研、均。《庄子·杂篇·寓言》中有"天均者天倪也"的说明。"振于无竟"中"竟"同"境"。"振"为高高升起，振翅高飞。此外，开头处"何谓和之以天倪……"的内容与前文联系较弱，十分突兀。故有学者将此部分看作错简[1]，主张应将下文"化声之相待"至"所以穷年也"之间的 25 个字移至开头处（引自宋吕惠卿[2]之解）。这也不无可能。

罔两问景曰："曩子行，今子止；曩子坐，今子起。何其无特操与？"景曰："吾有待而然者邪？吾所待又有待而然者邪？吾待蛇蚹蜩翼邪？恶识所以然？恶识所以不然？"

---

1 古书竹简前后次序错乱称为错简，此处用以指古籍内文次序错乱。
2 吕惠卿（1032—1111），北宋宰相，政治改革家。著有《庄子义》等。

第三则故事。

这则故事中说的是罔两（使影子更加醒目的浅淡阴影）与影子之间的对话。常识性思考让我们习惯于用因果的眼光看待事物。而这则故事批判的便是这种习惯。上一则故事中，庄子告诫人们要用天倪，也就是绝对的"一"，让人心的价值偏见——是非对立——回归和谐统一；要超脱，直至进入那超越了死生变化的无竟之中，也即进入超越了时间的境界之中。紧接着他则将目光转向了人们的因果思维——他们不去将一切存在的矛盾对立看作自然，不认为万物皆为绝对的"一"，而是将万物用因果关系捆绑在一起，用区分的利刃将其肢解。庄子想要破除这种心知的杀戮行为。

世俗之人认为，形体产生影子，影子依存于形体，且形体由造物主创造，造物主是一切形体的根本原因。但是，让一切形体能够作为形体成立——让一切特殊能够作为特殊存在——之物，其自身是不可能拥有形体——特殊——的。因此，造物主必须是无形之物，是人类的形象概念无法捕捉之物，也就是自然。所谓自然，便是自发为然，也就是超出人类认识以外之物。因此，所谓世间万物由造物主创造，实际上指的是一切万物作为自然存在，也就是作为超越了因果性的观念而存在。

万物超越了人类的因果性观念，自然而生、自然而灭。所谓道——实在——指的便是这一切万象生灭变幻本身。因此，实在世界中一切存在自然生灭，形、影、罔两三者也同样只作为自然而存于世间，作为自然而不断变化，其中并无任何因果关系，也并无相互依存的联系。世人认为影子与罔两是一对联系极为密切的相对关系，庄子便借由影子与罔两之间的问答，说明了万象自生自灭的道理。

一天，罔两——能够将影子衬托得更明显的阴影——向影子提问：

"你刚刚还在走动，现下却停住了。刚刚还坐在那里，现下却站起来了。你的行为方式为什么总是那么没有主体性呢？你要是再这样下去，连我都要受你牵连了。"

影子听罢回答道：

"世人总说，'形影相依''如影随形'。人们的常识认为，我只有在遇到了形体之后才有可能存在，我与形体之间有着再密切不过的关系。事实真的如此吗？

"还有，世间之人绞尽脑汁、刨根问底，结果还是坚信我所依存的形体并非绝对之物，而是由一个名为造物主的存在创造出来的相对之物。事实又是如何呢？按照他们的说法，我与蛇、蝉等同。蛇用鳞片爬行，蝉用翅膀飞窜。蛇不能没有鳞片，蝉不能失去翅膀。简直荒谬至极……不过其实我也不太清楚到底这世间的常识所说是对的，还是错的。我没有任何根据，毕竟实在的真相超越了心知判断，是无法用人类的因果思维来把握的。你无需在意我，尽管按照自己心中所想行动便是了。"

"特操"指的是杰出的操守，不因他人而左右的主体性（也有文献主张"特"为"持"）。"蛇蚹"中"蚹"指的是蛇类下腹部的鳞片。"蜩"是蝉，"翼"为蝉翼。

> 昔者庄周梦为胡蝶，栩栩然胡蝶也。自喻适志与！不知周也。俄然觉，则蘧蘧然周也。不知周之梦为胡蝶与？胡蝶之梦为周与？？周与胡蝶则必有分矣。此之谓物化。

《齐物论》的最后一节，便是有名的"庄周梦蝶"的故事了。"周"是庄子之名。"栩栩然"指的是翩跹飞舞之态。"蘧蘧然"同"遽遽然"（参引自崔撰），应是指清晰明了之意（《大宗师》中有"蘧然觉"的写法）。"自喻"中"喻"同"愉"，指愉快。"适志与"的"与"在此为语气助词，表感叹。

也不知是何时的事了。庄子入睡之后，在梦中化作了一只蝴蝶，翩跹起舞。他心中感到一股无以言表的喜悦，随心所欲而飞，尽情享受着蝴蝶的自由。他甚至忘记了此处是他的梦境，忘记了他在梦里变成了一只蝴蝶……

终于，庄子忽地从梦中清醒过来。梦醒之后，他的的确确变回了庄周本人。然而，重返自我的庄周却深感迷茫——这刚刚清醒的自己，究竟是什么？到底是刚刚清醒的自己做了一个自己变成蝴蝶的梦，还是那刚才还在翩翩起舞的蝴蝶在它自己的梦中变成了人？

直到最后，他也没能理清，看不透是否刚才做的那个变成蝴蝶的梦才是现实，悟不出是否现在自己身为人的现实本是一场梦。不过，这对自己能有什么影响？是了，世间的常识将梦境与现实区分开来，认为现实与梦境并不相同。常识之中蝴蝶仅仅只能是蝴蝶而不得为人，人同样仅仅是人而决非蝴蝶。但是，谁能够保证这梦就一定不是现实，这现实不是梦呢？在实在世界中，梦境同时也是现实，现实亦是梦境。庄周同样也是蝴蝶，蝴蝶亦是庄周。一切存在都自那常识的区分中挣脱出来，自由自在，相互变换。这样的世界，便是所谓的物化的世界，这才是实在的真相。人只需在"物化"——万物无穷尽的流转——之中，将得到的现在当作现在，尽情逍遥便是了。醒了便作庄周，梦中便化作蝴蝶起舞，变为骏马便咴咴长鸣，幻作游鱼则潜入水底，若成了已逝之人便静静横卧于墓葬之中。将一切境遇都当作自身获得的境遇，毫不质疑，就能实现真正自由的生活。绝对者便是这样，将对一切事物的肯定当作自己的生活。

此处需关注的，应该是庄子对梦境与现实的混淆，自现实向梦境的混沌化。

对庄子来说，梦境也好，现实也罢，将二者看作"有分"

之物，便是人们的偏见。实在世界之中，所谓梦境与现实，都不过是道——实在性——的延伸。自我与蝴蝶虽说确实并非同一物，却无需硬将前者看作现实，将后者看作梦境。化为蝴蝶便享受身为蝴蝶的自我，成为庄周便享受身为庄周的乐趣。至于到底是蝴蝶化作了庄周，还是庄周化作了蝴蝶，实在是无关紧要之事。世人将梦境与现实区分开来，将人与蝴蝶分别看待。对他们来说，在蝴蝶翩跹起舞的自由之中庄周享受的快乐并不重要，重要的是在那一刻，他到底是蝴蝶，还是庄周；这到底是梦境，还是现实。他们对此刨根问底，率由旧章，沉迷其中，无法自拔，使得人生的真相犹如指缝间滑落的清水一般，不知不觉悄然而逝。因此，庄子写道："不知周之梦为胡蝶与？胡蝶之梦为周与？"他自答曰："不知。"对他来说，在梦境与现实的混淆之中，道犹如有生命的混沌；而他则将道当作混沌本身，沉浸其中。这混沌之中，是与非、可与不可、美与丑、大与小、长与短，等等，一切价值对立都融为一体。不仅如此，在那里，梦境即是现实，人亦是蝴蝶（自然物）。庄子在生命的混沌之中，将自己所得到的现下，仅当作自己的现下，逍遥其中。美也好，丑也罢；生也好，死也罢；梦境也好，现实也罢；人也好，蝴蝶也罢——庄子认同这一切的境遇，与全篇开头处的南郭子綦一同，静静聆听着那由万籁组成的天籁之音。

养生主 第三

　　庄子于《逍遥游》中描写了绝对者自由无碍的超脱，又通过《齐物论》说明了其中的逻辑依据。接下来，他从那至高的超脱境界返回现实的世俗世界，说明了若想实现绝对者真正的超脱，便必须置身于世俗生活的道理。《养生主》中讲述的，便是绝对者在世俗生活中的智慧。所谓养生主，是颐养生命的根本之道，也就是人们在现实世界之中使自我之生得以圆满的根本原理。若想实现真正自我的全整，便需要置身于现实之中。庄子通过此篇说明的，是养生的根本之道与现实世界之间的联系。

　　吾生也有涯，而知也无涯。以有涯随无涯，殆已！已而为知者，殆而已矣！为善无近名，为恶无近刑，缘督以为经，可以保身，可以全生，可以养亲，可以尽年。

　　人终有一死，人生终会走向尽头。但在这有限的人生之中，人们拥有的知识，却追求着无穷尽的对象。新的知识会催生新的欲望，新的欲望又带来新的知识。人类的心知与欲望，总是向外无限扩张。的确，人类在知与欲的推动下，建立起了高度发达的文化。但是，人类的悲伤与恐惧、沉迷与堕落、一切危害人类生命宁静充沛之物，也都生于这知识与欲望之中。知识是人类锃明彻亮的武器，同时也是一把伤害人类自身的"伐性之斧[1]"。只要人类真正的幸福依旧存在于那充沛的生命，知识就永远是个散发着蛊惑人心的异香毒果，人们就必须时刻对知识保持警惕。因此庄子告诫世人："以有涯随无涯，殆已。"养生的秘诀即远离知与欲的放恣，在扼杀天性的危险中保护自我。

"已而为知者，殆而已矣"——"已"与前文"殆已"相呼应，明明是极危险的，却仍有人放任自我去追求知识，简直凶险至极。这是庄子向此类无谋之人再三发出的警告。

"为善无近名，为恶无近刑"让人们立于善恶之外。庄子在一开头便申明了自知识与欲望的放恣之中保护自我的必要性，在此句，他说明了超越者身居世俗时的生活方式。使自我之生得以圆满是绝对者一生的第一要义。但生而为人，注定要生活在现实之中。现实指的是名与利的漩涡之中的世界。在那里，善与恶相分离，荣与辱相对立，富与贫相对峙。世俗的价值束缚着人们的日常生活，规范与刑戮威胁着人们的举手投

1　伐性之斧，指砍毁人性的斧头，比喻危害身心的事物，出自《吕氏春秋·本性》。

足。得了名望之人将面对失去名望时的失意与哀伤；今日为荣誉欢呼的人，明日便会因惧怕刑戮而发抖。这个世界中，欢喜与悲伤互为表里，荣誉的另一面便是侮辱。人类一旦将自我置于世俗的漩涡，便会在不断的沉陷中丧失自我。因此庄子说，那些将生命的圆满视为人生第一要义的人，须立于善恶的彼岸，脱离善恶的束缚，将自我与世俗的纠葛限制在最小的范围之内，在独自一人的自由中享受自我——随心所欲，逍遥而游。这才是养生的秘诀。

"缘督以为经，可以保身，可以全生，可以养亲，可以尽年"——"督"指"中"，即善与恶的正中间，也就是不偏善也不偏恶，非善非恶的无心之境。在忘却了善恶的无心之境中，不知不觉与自然万物合为一体，这一过程，被称为"经"——生活的根本原理。只要遵循这一原理，自我便能够自世间一切桎梏之中保持本身的安宁，享受自由的生命。不仅如此，更是可以尽孝于双亲，避免在活满天寿前失去生命。也就是说，在庄子看来，颐养生命的秘诀除却遵循天道，别无他途。而上文已经多次提到，道，便是自然，是摒弃一切人类作为而与万物自然融为一体。知识与欲望、善恶的价值偏见都会对自然造成伤害。若想要自身的生命圆满，想要冲破一切束缚，享受生命的自由，便必须在知与欲中保护自我，立于善恶的彼岸且坚定地遵循天理自然，将此作为生活的根本原理。庄子进而借由庖丁与文惠君关于解牛的问答，说明了其中的来龙去脉。在阅读这则故事时，我们应该时刻将天理二字作为故事的中心思想加以品读。

> 庖丁为文惠君解牛，手之所触，肩之所倚，足之所履，膝之所踦，砉然响然，奏刀騞然，莫不中音，合于桑林之舞，乃中经首之会。

庄子在上文中首次提及养生的根本原理，主张养生需要从知识及欲望的威胁中将自我保护起来，站在超越了善恶这类相对价值的对岸，与万物之自然融为一体。接下来，他借庖丁与文惠君之间关于解牛的对答，对遵循天理自然乃养生之秘诀的观点进行了更加具体且生动的解说。

庖丁说的是一个以做饭（庖）为生计、名叫丁的人。相似的命名还有匠石——名叫石的工匠；轮扁——名为扁，以制造车轮为生的人（现在我们将做饭用的刀具称为庖丁[1]，便是从庖丁的人名演化而来的）。文惠君在《逍遥游》中已经出现过一次，指的是梁惠王。从前有个著名的厨师名叫庖丁。一次，庖丁要在梁惠王面前分解牛肉。"手之所触，肩之所倚，足之所履，膝之所踦"说的是庖丁在处理牛时的手法：肩膀倾斜的角度、双脚站立的姿势、双膝弯曲的程度等，所有的细节都浑然

---

1 现代日语中将做饭用的菜刀称为"庖丁（ほうちょう）"（亦写作"包丁"）。

天成，无懈可击。"砉然响然，奏刀騞然，莫不中音"指的是，随着庖丁手中牛刀的起落，牛肉与骨头嘶啦嘶啦（砉然）地分开；脱离牛骨的肉啪地（响然）落下；刀刃的舞动发出刷啦刷啦（騞然）的声音；最终牛被分切成若干块。庖丁的手法节奏鲜明，让旁观者禁不住为之着迷。"桑林之舞"是古时商汤王在一处名为桑林的地方求雨时跳的舞蹈。至于"经首"，自古以来注释家们普遍认为是尧的时期的一首名为"咸池之曲"的曲目中的一章。"会"为交响、合奏之意。庖丁这让人眼花缭乱的技艺，想来是可以与那玄古的桑林之舞相比肩了吧。他那富有节奏的刀法，与合奏出的经首乐章也不相上下了吧。

文惠君曰："嘻，善哉！技盖至此乎？"庖丁释刀对曰："臣之所好者道也，进乎技矣。始臣之解牛之时，所见无非牛者；三年之后，未尝见全牛也；方今之时，臣以神遇而不以目视，官知止而神欲行。依乎天理，批大郤，导大窾，因其固然。技经肯綮之未尝，而况大軱乎！"

文惠君目睹了庖丁出神入化的刀法技艺，不禁连连喟叹：

"着实令人叹为观止！原来只要一心精进，刀法也能达到如此境界啊！"

庖丁闻言轻轻将牛刀置于身前，回答道：

"方才陛下虽称赞我技艺精妙，但我真正追求的乃是

'道'，是超越于'技'之上的事物。我刚刚开始解牛时，眼中看到的仅是一头牛，就连应从何处下刀都毫无头绪。过了三年，我才终于能将牛的各个部位看在眼中，能找到刀刃应该刺下的部位了。到了今天，我几乎可以算是'以神遇'，也就是能够用超越了外形束缚的意念来观察牛，而不是用眼睛来看牛，不依靠外观来解牛了。我将一切感官知觉，也就是'官知'的作用隐藏起来，只让'神欲'，也就是精神的活动变得活跃，遵循牛本身的自然之理，即'天理'。这样，我得以将刀刃插入'大郤'，也就是骨头与筋肉相接处的空隙（'郤'同'隙'），并将刀引至骨节处的大窾中。这样，就可循着牛原本的身体构造来处理它了。所以，我出手时自然不会朝着那些一眼便能看出的'大轵'，也就是粗大的骨头下刀，更不会去碰那些'肯綮'，也就是筋骨交错之处。"

"良庖岁更刀，割也；族庖月更刀，折也；今臣之刀十九年矣，所解数千牛矣，而刀刃若新发于硎。彼节者有间，而刀刃者无厚，以无厚入有间，恢恢乎其于游刃必有余地矣。是以十九年而刀刃若新发于硎。虽然，每至于族，吾见其难为，怵然为戒，视为止，行为迟，动刀甚微，謋然已解，如土委地。提刀而立，为之四顾，为之踌躇满志，善刀而藏之。"

庖丁继续从道的角度向文惠君说明何为解牛：

"所谓'良庖'，也就是那些手艺高超的厨师，大致每过一年便要换一把新刀，这说明他们解牛的手法并非强行为之，而是掌握了灵活的技巧的。至于'族庖'，也就是那些普通的厨师，他们在解牛时总是会碰到牛骨，使刀轻易断掉，因此不得不每月换一把新刀。而我自从上一次换了新刀之后，已经过了十九年，用这把刀解过的牛少说也有千余头了，它仍旧像是刚刚用磨刀石磨过一般。牛的骨节是有间隙的，这把牛刀则薄如蝉翼，锋利至极，几乎没有厚度。没有厚度的刀刃插入有间隙的牛骨，实在是'恢恢乎'——宽松至极，游刃有余。这就是这把刀能够连用十九年而毫无开刃之处的原因。虽说如此，就算是我，一旦遇到牛身上筋骨错综之处，也就是'族'时，也会对剔骨的难度心有忌惮，不禁战战兢兢，屏住呼吸，将视线全数集中在那一处，出手缓慢，牛刀的任何动作都必须细致入微，直到牛的肉犹如土块落地般啪地一声（謋然）离骨而落，我才终能松一口气，敛刀起身。那时我定是一脸得意，环顾四周，觉得转身便走未免太过可惜，便犹豫半晌，最终会心一笑，开始擦拭牛刀，随后将其小心收好（'委'同'落'，'善'同'拭'）。"

文惠君曰："善哉！吾闻庖丁之言，得养生焉。"

庖丁之言告一段落，文惠君再一次发出了由衷感叹：

"说得太好了！我刚刚从庖丁的话中悟出了让这一生得以圆满的根本原理，也就是养生之道！"

至此，庄子借庖丁解牛的精湛技艺以及庖丁的言论说明了养生的秘诀，即顺应天理。此处值得关注的是包括了庄子所说的顺应天理——无为自然——这一概念在内的一个根本定义。庄子的思想主张中，所谓无为自然，指的是虚化自我而顺应自然，也就是顺应天理。但这无为，并非不做任何事，或对一切事物袖手旁观。所谓无为，可以是登峰造极后进入的没有技巧一般的技巧，也可以是在经历了无数磨练后达到的无心境界。庄子主张的无为，是无不为之无为，也是一种积极的"行"。

他通过庖丁口中的"臣之所好者道也，进乎技矣"之句说明了此间道理。在庖丁看来，"始臣之解牛之时，所见无非全牛者"的生疏，在经历了十九年的努力后，终于让他顿悟出了超越在技艺之上的道。只是一味袖手旁观的无为，是无从实现他那"以神遇而不以目视"的精湛技艺的。

庄子认为道之实在即为自然。只要遵循自然实在，人类的一切积极实践便能够成为自然。解牛之事如此，人类生活的千万作为亦是如此，只要遵循天理，"因其固然"，便又自成自然。因此，庄子提倡的养生，不是否定知识、扼杀欲望以安度一生的消极生活态度。他主张人们发挥自我个性，让自我的生命实现最丰富、最有深度、最为充实的生活，努力实现最大的养生。在庖丁与文惠君的问答中，庄子将遵循天理的养生秘诀宣告于世人，说明养生同样也是让自我原本拥有的能力更加精进的一种积极行为。

公文轩见右师而惊曰："是何人也？恶乎介也？天与？其人与？"曰："天也，非人也。天之生是使独也，人之貌有与也。以是知其天也，非人也。"泽雉十步一啄，百步一饮，不蕲畜乎樊中。神虽王，不善也。

在描写庖丁精妙的解牛技艺的同时，庄子向世人说明了养生的秘诀在于遵循天理自然。接下来，他又告诫人们，需要将现实生活中的一切福祸看作自然本身，看作天理，从而接受它们。现实生活中祸患常有，福事却难遇；痛苦随处可见，喜悦却难得。正如诗中所写，"生年不满百，常怀千岁忧[1]"，人生便是如此，深深困于灾祸之渊的人为自己的不幸咒骂悲叹，身有残疾的人对身体健全希冀非常，貌丑之人对俊美之人欣羡不已……这是世间常态。但是庄子却说，若是人们想要让自身被赋予的生命得以圆满，就必须将一切都当作自我的命运，爱护珍惜。当一个人将一切的必然都当作自身之命运加以爱护，他

1　出自东汉五言诗《古诗十九首·生年不满百》。

将会得到任何事物都无法改变的绝对自由。人的绝对自由，并非一定是让自己一切的希望诉求都成为现实的力量，而是将现实中的一切当作自身的必然而接受的态度。将世间一切必然当作必然本身加以肯定，将自我得到的一切当作自我之物加以爱护，这样，便能得到不受任何事物束缚的自由生活。因此庄子将右师——世人最忌讳厌恶的受刖刑[1]之人——引为论据，让他来诉说自己生活中的自由与幸福。并且，在说明了只有一条腿的人也可以拥有自由幸福的生活之后，庄子又转而开始就全体世人的真正自由与幸福进行了思考。

一次，一个名为公文轩的男子在看到受过刖刑后只剩一只脚的右师，大吃一惊，不禁问道：

"天啊，怎么会有这样的人呢。你到底是怎么把自己的身体弄成这副模样的。是老天的疏忽，还是世人的过错？我猜你莫不是触犯了天条吧。"

右师随即答道：

"是老天的过错。世人无错。是天在创造我时为我安排了终将失去一只脚的命运。人的容貌外观原本就是天生之物，以世人之力是无法改变的。所以这完全归结于上天，与我亦没有关系。你说我一定过得很不自由，怎么会呢？若是认命并放弃挣扎，

1　刖刑，古代的一种酷刑，砍掉脚。

110

这其实比想象的要容易许多。打个比方，就好像是在沼泽边嬉戏的野鸡一样，它们每走十步才停下来啄一口食，走百步才喝一口水。在旁人眼中它们一定是很可怜的吧？但即便如此，它们也不愿被圈养在笼子里。就算笼中之鸟每日能得到吃不完的食物，能有充沛的体力，却无从体验在山野间尽情奔跑的乐趣。"

将自我的自由视为绝对之人，不论是天子之位或是千金之利，都与一双破旧的草鞋无甚区别。而这种自由，同样也赋予给了受过刖刑的人。所谓养生，不在于吃遍山珍海味，不在于穿遍锦衣华服。所谓养生，指的是活在自己内心的自由之中，是将一切的不自由当作不自由而予以接受的自由，只有这样，才是颐养生命的真正秘诀。这便是庄子试图通过右师之言想要表达的内容。

"恶"为疑问副词，相当于"何处"。"介"在其他抄本中又写作"兀"，指的都是砍断一只脚的刑罚。至于"人之貌有与也"中的"与"，自郭象之后，后人皆将其解为两足之意。但本书则认为，也可将其解为"天之所与"，也就是天道赐与之物。"王"同"旺"，指兴旺。"善"意为享受。"神虽王，不善也"说的是不论精神多么充溢饱满，都无法自由地享受自己的生命。

老聃死，秦失吊之，三号而出。弟子曰："非夫子之友邪？"曰："然。""然则吊焉若此，可乎？"曰："然。

始也吾以为其人也，而今非也。向吾入而吊焉，有老者哭之，如哭其子；少者哭之，如哭其母。彼其所以会之，必有不蕲言而言，不蕲哭而哭者。是遁天倍情，忘其所受，古者谓之遁天之刑。适来，夫子时也；适去，夫子顺也。安时而处顺，哀乐不能入也，古者谓是帝之县解。"指穷于为薪，火传也，不知其尽也。

公文轩与右师的问答反映了须将人生的一切福祸视为天理自然的道理。在此篇的最后，庄子进一步主张，人们同样也应将自身最大的恐惧与悲伤——死亡——看作天理，视为自然，安然面对此间变化，乃是养生最大的秘诀。

前文已经明示，对庄子式的绝对者来说，让自身获得的生命得以圆满是人生的第一要义。

庄子之所以对颐养生命进行论述，也是出于这一目的。

然而，颐养生命——在自己获得的生命中实现最为深层、最为丰满的生活——绝不是要人们对生过于执着。庄子之所以论述养生，主张全生，是为了让人们意识到自然所赋予的现在之珍贵，从而实现它最大的意义。在庄子看来，福与祸都是自我获得之物。生与死也是同样，皆是自然赋予自我的变化，二者并无区别。

绝对者将自然赋予的一切，即便是死亡，都看作自身之物。生是我之生，死也是我之死。只有这种将一切境地当作自

112

我之境而安然接受的态度，才能够自一切境地之中超脱、解放出来。将死亡仅仅看作死亡而安然接受的生活，同时也是将自然赐予的生当作生的安然人生。置身于这种安于生、安于死的境界，这种不执着于生，不惧怕死的境界，才是养生的根本秘诀。这便是庄子对世人的劝诫。

至于老聃，无须赘言，指的便是老子，后世多将他视为《道德经》五千言的作者。秦失在文中是老子的友人，多半也是庄子杜撰出的人物。"三号"说的是一种对死者极为形式化的追悼方式。所以在场老子的众多弟子不禁质问秦失："你作为友人怎么能这样敷衍了事？"

"始也吾以为其人也，而今非也"说的是秦失的回答："以前我认为老聃这个人实在很是优秀，但现在我改变了对他的看法。那是因为，就在刚刚我进入室内之时，立于灵柩一旁的几位老者，无一不如丧子一般痛哭流涕，而那些年轻人，也仿佛是母亲过世一样泪流满面。实在是不堪入目！然而，这些人之所以会不约而同聚在老聃的灵柩旁，必然是由于老聃平时潜移默化的影响，以至于老聃本人即使不亲口要求众人为他吊唁、哭丧，周围的人也自动自发聚到一起，悲叹哭泣。究竟什么才是死亡？死亡不就是彻彻底底的天，即自然道理吗？而你们却为了天而恸哭，对着天哀叹。你们逃避真理，与人类存在的真实之相背道而驰，忘却了天赐予自己的生命本质，这些无一不在昭示着老聃的哲学并非真理。在过去，这种行为便是逃避真理之罪——逃避天之道理的罪行。你们想啊，这位智者之所以恰好诞生于人世，是因为刚好到了他出生的时机；而他恰好又在某一天去世，也只是顺应了这位智者本该逝去的自然之理罢了。一切都应顺应时机，不应为出生而喜悦；一切都应顺应自然的道理，不应为死亡到访而悲伤。只要将一切交给自然，随遇而安，悲伤与喜悦便不再会有机会扰乱我们的心。过去，拥有这种心境之人被称为绝对的自由者——自天帝的束缚中解放而出之人。

"薪柴虽放入火中便会燃尽，但即便燃尽，只要还有新的柴禾，火焰本身便能够传至一根又一根薪木，绝不会熄灭。同理，人的生命对于每一个人来说虽会面临终结，但生命本身是没有穷尽的。正是因为人们拘泥于个别之物，才会生出那些惶惑与悲伤。你们的这些悲叹便是惶惑，这悲叹便是老聃哲学令人质疑的源头。"

秦失如上告诫了老子的门生。

"帝之县解"中，"帝"指的是掌管人类吉凶福祸与生死的上帝或天帝。"县"同"悬"，指束缚。解开天帝的束缚，说的是人们从由外界支配自我的一切事物之中，从神的控制之中解放出来，进入绝对自由的境界。

最后的"指穷于为薪，火传也"一句自古便被视为难句，注释家也曾多番争论。"穷"可同"尽"，指穷尽。至于"为薪"，此处暂可遵从晋朝郭象的解释，意为添加柴禾，也就是将薪柴放入火中。"指"可解为"用手指指向某处"或是"指示""指明"之意。"指穷于为薪，火传也"说的便是将薪柴放进火中，就算亲眼看到这柴禾燃尽了，只要世间仍有薪柴，火焰本身便能够从旧处传至新的薪柴之上，绝不会穷尽。每个人的身体是有限的，但生命本身是不灭的。庄子认为生命不灭，此处我们应该注意的是，庄子所指并非所谓灵魂的不灭或是宗教性的永生。前文已经多次强调，庄子认为一切存在方生方死，方死方生，其中无穷尽的生灭变化本身便是道——实在的真相。一切个体都是在这变化之中如同浪涛一般诞生又消逝，消逝又诞生。不灭之物乃是这变化的趋势本身，而非变化之中的个体。文中的火代表了这变化的趋势本身，象征着道不断流动的特征。当人类能够遵循这道的无限流动时，便能够真正超越生死。在这种境界之中，个体的生命在死后是否能够延续，个体的灵魂是否永恒不灭等，诸如此类事甚至都不会被视作问题。"若是我死后，左臂变成了一只公鸡，我便打鸣来告知时间好了。如果我死后右臂成了一颗弹丸，我便去打下那用来做烤肉的鸽子好了（《大宗师》[1]）"，从这句话之中，我们应更加感受到庄子生死观的真正价值。

---

[1] 原文：浸假而化予之左臂以为鸡，予因以求时夜；浸假而化予之右臂以为弹，予因以求鸮炙。

人间世　第四

　　人间世，即人类社会。在《养生主》中，庄子阐述了人们在现实生活中使自我之生得以圆满的根本原理。在此基础上，他又通过《人间世》论述了超越者的处世之法，绝对者与现实社会之间关联的具体形式。

　　庄子眼中的现实社会是古代中国的社会，那是一个比其他任何社会都更加具有政治色彩的世界。而所谓政治的世界，则是黑暗凶险的、喷涌着漆黑的权力之血的世界。在那里，权力将世人划分为君与臣，君主将百姓的生命玩弄于股掌之中，荣誉与刑戮随意左右着人们的命运。而庄子式的绝对者却需要置身于这古代中国的现实，将它的黑暗与凶险当作自我的现实而生活。此篇中，庄子详细说明的便是这绝对者的智慧。绝对者拥有的智慧，是生活在现实之中而不被现实所伤的智慧；是于人世中行走但不丧失自我的智慧。纵观全篇，古代中国的历史风貌组成了庄子脚下的坚实根基，我们在品读的过程中也需要意识到，庄子在这一篇中流露出的表情与姿态，比任何事物都更加反映出古代中国的特性。

　　《人间世》由八段故事组成。前四则故事是问答形式的记叙：首先是颜回[1]与孔子，其次是叶公子高与孔子，随后是颜阖[2]与蘧伯玉[3]，最后是匠石与他的弟子之间的对答。这四段问答组成了《人间世》的主要内容。其中，第四段匠石与弟子之间的问答，在《逍遥游》中也出现过主旨相似的故事。但这一篇后面加述了三段与之相关的事例，分别是第五、六、七段问答。最后，则以孔子与楚狂接舆的故事收束全篇。也就是说，《人间世》几乎是由问答形式的故事串联而成的。

　　篇中出现的人物之中，除匠石以外，皆是《论语》等古籍中有所记载的历史人物。孔子与颜回自是不必多加介绍了。叶公子高与孔子相同，是春秋末期楚国的大夫，因其领地名为"叶"，故被称为"叶公"。此人姓沈，名为诸梁，子高为表字。《论语》中记录了他向孔子询问政治（《论语·宪问》）以及向子路[4]询问孔子其人（《论语·述而》）的内容。颜阖是鲁国贤者，《庄子·外篇·达生》及《庄子·杂篇·让王》同样收录了他的言行，称他毕生未入仕途，在陋巷之中逍遥享受自

1　颜回（公元前 521—前 490），尊称颜子，字子渊，又称颜渊，春秋末期鲁国人。孔门七十二贤之首。

2　颜阖，春秋时期鲁国贤人。

3　蘧瑗（约公元前 585—前 484），字伯玉，春秋时期卫国大夫。

4　仲由（公元前 542—前 480），字子路，又字季路，"孔门十哲"之一。

己的生活。蘧伯玉同样与孔子同为春秋时期之人，乃卫国贤大夫。《孔子·卫灵公》等篇目中均有孔子对这一优秀人才的赞美，《庄子·杂篇·则阳》中也褒扬了他的德行。最后一则故事中出场的楚狂接舆，在《逍遥游》中已经介绍过，是楚国的隐士，《论语·微子》中记有他与孔子之间的对话。

　　正如方才所说，《人间世》的绝大部分是由问答形式的故事组成，且其中问答的双方皆是《论语》等古籍中有所记载的历史人物。人物本身虽为历史上真实存在之人，但此篇中所写的问答内容却并非一定是史实，很有可能是庄子的创作。特别是孔子与颜回之间的对话，完全被庄子的思想与文笔所控制。庄子最大程度地利用了这些历史名人的影响力，让他们的台词体现出自己的主张的同时，也调侃了这些当时的圣贤。从中可以看出庄子对历史的揶揄，对世俗权威的挑战。他戏剧化地编排历史，调侃圣贤，与此同时，也让世人在那高处的自我世界中得以解放，让他们享受不受任何束缚的逍遥之游。我们应将目光置于他那生杀予夺一般的文笔，以及背后隐藏着的奔放的精神。

　　颜回见仲尼，请行。曰："奚之？"曰："将之卫。"曰："奚为焉？"曰："回闻卫君，其年壮，其行独。轻用其国而不见其过。轻用民死，死者以国。量乎泽。若蕉。

民其无如矣！回尝闻之夫子曰：'治国去之，乱国就之。医门多疾。'愿以所闻思其则，庶几其国有瘳乎！"

《人间世》中最先出场的是孔子与他的得意门生颜回。故事从他们二人的对答开始。

"老师，我想去游历。"

"你准备去哪里，颜回？"

"去卫国。"

"去做什么？"

"我想自水深火热中解救卫国。"

颜回想要解救的卫国，当时不论是朝政还是伦理都陷入了极度的混乱之中。国君卫灵公以淫乱之名广为后世所知。太子蒯聩早就怀疑其母南子居心叵测，欲杀之，但最终以失败告终，不得不逃亡至他国。灵公死后，留在卫国国都的蒯聩之子辄继位。而蒯聩则联合野心之人，夺取了亲生儿子的皇位，史称卫庄公。压制以各大夫为首的反对派势力的同时，蒯聩还企图施行军国主义统治，使卫国陷入了长年的战火之中（关于卫国内乱的具体经过，吉川幸次郎先生在其著作《中国的智慧》[1]中进行了详尽的介绍）。颜回想要拯救的便是在卫庄公这种专

1　吉川幸次郎（1904—1980），字善之，号宛亭，日本神户人，著名文学家、语言学家、汉学家。师从著名汉学家、"京都学派"创始人狩野直喜教授。其著作《中国の知恵》，由新潮社于1958年出版。

制军国主义统治下痛不欲生的卫国人民。"轻用民死"指让人民因战争或苦役失去生命，丝毫不对他们予以任何尊重。"死者以国。量乎泽。若蕉"是难解之句，至今已经有多种解法。本书在此处援用中国现代学者马叙伦的观点，将此句断为"死者以国。量乎泽。若蕉"。另有一种观点认为应断句为"死者以国量。乎泽若蕉"。"以国"指的是充满了整个国家之态。"量乎泽。若蕉"说的是死者之多，无法一个个数清，只好以一泽为单位计算，并且这些尸体犹如割下来堆在一旁的麻杆一样，层层叠叠。"蕉"指生枲，也就是麻（民国章炳麟[1]之解）。

"回尝闻之夫子"中"夫子"自然是指孔子。"过去老师曾说'正是因为国家动荡，才有治理的必要，有人生病，才需要医生'，我想要成为为政治动乱的卫国治病的医生"，颜回如是向孔子说出了自己心中的抱负。

仲尼曰："嘻，若殆往而刑耳！夫道不欲杂，杂则多，多则扰，扰则忧，忧而不救。古之至人，先存诸己而后存诸人。所存于己者未定，何暇至于暴人之所行！且若亦知夫德之所荡而知之所为出乎哉？德荡乎名，知出乎争。名也者，相轧也；知也者，争之器也。二者凶器，

---

1 章炳麟（1869—1936），号太炎，清末民初民主革命家、思想家、著名学者，著有《庄子解诂》等。

非所以尽行也。

然而孔子听了颜回的话，却不以为然。

"嗯，但是，"他答道，"这对你来说过于困难了。你就算去了，多半也就落得一个为人所杀的结局吧。你心中的世俗杂念太多了。在试图拯救他人之前，你要先感化自身。况且，一个能够让别人矫枉过正的人，自身心中尚存忧虑是绝不可取的。若想让心中无忧，必须让心神安定。想要让心神安定，便要让精神得到统一。而这精神的统一，只有在与道合为一体后进入纯粹境界中才能实现。所以，首先要让自己与道成为一体。自古以来，那些与道相融的至人都是先让自己成为绝对者，然后才会考虑让别人成为绝对者。那些尚未确立自身之道——绝对之境界——的人，是没有可能让暴君的所作所为得以矫正的。

"而且，颜回啊。你沽名钓誉的心思有些太强了，且过于依恃自己的才智了。你可曾反思过，绝对者纯粹无垢的德，到底是因何失去的？人类的知又是因何而产生的？绝对者因名利的束缚而失去纯粹之德，人们在斗争之中生出了知。

"名使善恶相争的对立关系得以成立，知则是人们相互伤害、相互争斗的武器。在为名利所缚，凭恃知识的过程之中，人类的一切不幸就此产生。

"名与知是让人类失去自我，失去躯体的凶器，必须严加戒备。你沽名且恃知，这些自作聪明的想法，岂不会让你的德行毁于一旦吗？这才是我担心的。"

　　"且德厚信矼，未达人气；名闻不争，未达人心。而强以仁义绳墨之言衒暴人之前者，是以人恶有其美也，命之曰灾人。灾人者，人必反灾之。若殆为人灾夫。

　　"而且，"孔子继续说道，"你实在是不谙世事，恃才傲物了一些。你有足够纯厚的德行，有足够坚定的赤诚之心，有不为他人评价而动摇的纯粹自我。即便如此，若是你觉得只要自己足够诚实，足够纯粹，便足以成事的话，就大错特错了。在人际交往之中，最重要的便是要洞察对方复杂的感受与微妙的心理。不然的话，就只是将自己的正误观强加给对方，落得一个让别人被你的善意所伤的结局罢了。这便是所谓'人恶有其美也'——用他人的短处炫耀自己的长处。而这类人便被称为灾人——总是会伤害到他人的人。周围的人悉数被伤害之后，没有道理只有自己仍然安然无恙。你要是不警惕这独善之心与强加之善，必是后患无穷。而且——"孔子之言尚在继续。

　　文中"矼"指固，"衒"同"述"。"仁义绳墨"中"绳墨"指工匠在校正木材曲直时使用的准绳，引申为法则法规之意。

　　"且苟为悦贤而恶不肖，恶用而求有以异？若唯无诏，王公必将乘人而斗其捷。而目将荧之，而色将平之，口将营之，容将形之，心且成之。是以火救火，以水救水，名之曰益多。顺始无穷，若殆以不信厚言，必死于暴人之前矣！

"而且，你根本不懂，在权力者面前人有多么卑下。那卫国的国君是有名的暴君。若他是个诚心亲贤臣、远小人的明君，又怎会时至今日仍需要听从你的谏言以谋求功绩呢？你还是趁早断了说服那个暴君的念头吧。他会仰仗王公贵族的权力，从你的弱点下手，反过来将你一军的。到时候你只能在权力面前毫无招架之力，眼中再不会有沉稳之色，脸色骤变，欲言又止。最终你会渐渐屈服，开始对对方言听计从。这样一来你试图说服他的举动也会适得其反，犹如添一把火来救火，加一瓢水来治水一般。这就叫'益多'——火上浇油啊。

"一般来说，在向掌权者阐述自己的观点时，若是'顺始无穷'——在一开始就退让一步的话，这让步便会无穷尽地持续下去，最终酿成无法挽回的结果。万事开头都是重中之重。那暴君尚未完全信任于你，你却跑到人家面前直言不讳，必定是会掉脑袋的。我着实无法赞成你的想法。况且你想啊，颜回，"孔子对颜回继续说道。

文中"诏"指告，"荧"为惑，"平"为变。"而色""而目"中"而"为汝，人称代词。"口将营之"的"营"为辩解之意。

"且昔者桀杀关龙逢，纣杀王子比干，是皆修其身以下伛拊人之民，以下拂其上者也，故其君因其修以挤之。是好名者也。昔者尧攻丛、枝、胥敖，禹攻有扈。国为虚厉，身为刑戮。其用兵不止，其求实无已，是皆求名实者也，而独不闻之乎？名实者，圣人之所不能胜也，而况若乎！"

"况且你想啊，颜回，"孔子继续说道，"自古以来，因名利物欲而殒身之人不胜枚举。那关龙逢[1]与王子比干[2]是如此，丛、枝、胥敖、有扈四国的君主亦是如此。

"关龙逢辅佐夏桀，王子比干忠于殷纣王，他们的行为皆是贤人之举，却因追求名望而殒身。他们为人臣下，却对君主统治下的百姓施以同情。区区人臣，却质疑君主的恶行。所以夏桀与商纣才厌恶他们的贤德，对他们施以极刑。若是过于渴望名誉声望，便会落得如此下场。

"此外，过去有四个国家，分别叫作丛、枝、胥敖、有扈。这四个国家屡次挑起战事，抢人钱财且不知满足，因而丛、

---

1 关龙逢，夏朝宰相，中国历史上第一位名相，因进谏忠言而被杀。
2 比干，商代贵族，纣王叔父，辅佐商朝两代帝王，被称为"亘古忠臣"。因力谏而被杀。

枝、胥敖三国为尧讨伐，有扈被禹攻打，四国悉数亡国，那些国君也全部命丧黄泉了（有关'丛枝胥敖'的详细解释请参照本书第75页《齐物论》中的相关内容）。

"这虽只是区区几例，但都是人为了名利物欲而殒身的典型事件。这些事情，想必你也是耳熟能详的吧。总而言之，克服名与实——名誉与物欲，对于那些被称为圣人的人都是十分困难的，更何况像你这样的人呢。不过——"至此，孔子的这段话也接近了尾声。

"虽然，若必有以也，尝以语我来。"

"不过，在我众多的门生之中，你也是数一数二的了。所以既然你能提出要去卫国，必然是有着十分充足的理由了。那你就来说说，你是出于何种理由的呢？"

"来"接在动词之后，是表示劝诱的辞格。

在孔子的催促之下，颜回给出了答案。

颜回曰："端而虚，勉而一，则可乎？"

"端"指容貌态度端正之态。"虚"指心中无杂念，也就是不为名（名誉）与实（富贵）左右的心境。"一"与孔子之言开头之处"夫道不欲杂，杂则多"一句中的"多"相对，指与道合一的纯粹境界。

颜回答道:"正如老师所言,我需要能够在掌权者面前仍然保持端正的态度,不因名与实而失去内心的平静。那么,只要我努力达到这种纯净无垢的境界,便可以了吗?"

曰:"恶!恶可!夫以阳为充,孔扬,采色不定,常人之所不违,因案人之所感,以求容与其心,名之曰日渐之德不成,而况大德乎!将执而不化,外合而内不訾,其庸讵可乎!"

"恶!恶可"中第一个"恶"为感叹词,第二个"恶"为反问助词。"夫以阳为充"说的是表面看上去一本正经,假装是一个拥有充溢德行之人。"常人之所不违"意为,不论再怎么装模作样,本质都与普通的世俗人别无两样。"容与其心"中"与"同"于"(马叙伦之解)。"日渐之德"说的是每日只进步一点点的微小德行。"将执而不化"及后两句的主语都是卫灵公。最后的"庸讵"与"何以"相同,都是反问助词。"訾"指思虑。

孔子听了颜回的回答,又没有予以认同。

"啊,这可不行。你这种想法简直不可救药。你仍然拘泥于形式,眼中看到的全是一些表象。

"你口中说着端正态度,但那只不过是为了掩饰你内心的贫弱之相罢了。为了隐藏自己内心的懦弱而装作好像有绝对者一般的态度一样，你可能自鸣得意，但在你的神情之中定是能看出浮躁来的。

"这一类人，究其根本，与凡俗世人别无他样。这类凡夫俗子暗自揣度掌权者的想法，试图让君主接受他的主张。可又能有什么用呢？'日渐之德不成'——就连那需要日积月累，日复一日的微小之德都无法做到，更何况只用片时便说服君主这么伟大的功德呢？那卫灵公必定固执己见，不为所动，就算他表面上做出大彻大悟的样子，于心也是不甚在意的。你这种方法，终究是行不通的。"

"然则我内直而外曲，成而上比。内直者，与天为徒。与天为徒者，知天子之与己，皆天之所子，而独以己言蕲乎而人善之，蕲乎而人不善之邪？若然者，人谓之童子，是之谓与天为徒。外曲者，与人之为徒也。擎跽曲拳，人臣之礼也。人皆为之，吾敢不为邪？为人之所为者，人亦无疵焉，是之谓与人为徒。成而上比者，与古为徒。其言虽教谪之实也，古之有也，非吾有也。若然者，虽直不为病，是之谓与古为徒。若是则可乎？"

听了孔子这"终究行不通"的结论，颜回开始重新整理思路。"那么，"颜回说，"这种方法又如何呢？"

"若我将内与外区分开来，于内只采取笔直的行为方式，于外则能够弯曲自己，灵活行事。而在阐明观点意见时则以史为鉴。

"我说于内要笔直行事，指的是'与天为徒者'——居住在绝对世界之人。对于那些身处绝对境界中的人来说，帝王与自己皆是真理之子，拥有着平等的人格。于他们来说，世俗的价值并不被视为问题，自己的主张是被君主称赞还是贬低，都无伤大雅。像这样纯粹作为自我本身而活的人，被称为'童子'——毫无邪恶之心的真理之子。这种生活方式，则是绝对世界中的生活方式。

"我之所以说于外要弯曲而行，指的是'与人之为徒'——世俗世界之人。世俗世界便是礼教世界，在那里，有君与臣这样的上下关系，有繁琐的礼仪规范详细规定着人们的行为。世人行礼，或是手执笏板，或是双膝跪地，或是磬折躬身，或是屈膝垂首。只要照着世间之人的做法做了，世人也不会责难中伤于你。这便是世俗世界的生活方式。

"最后我说要在论述自己的观点时以史为鉴，是在说'与古为徒'——过去世界之人。如果将所有事情与过去相关联，不仅能够达到纠正君主的实际效果，也由于此种言论出自古人之口，我本人更是不会承担任何责任。哪怕说出口的话极为尖锐，想必也不会招来太多的祸患。这便是过去世界中的生活方式。您觉得这种方法如何呢？"

128

"蕲乎而人善之"中"而"同若。"教谪"指惩责恶事，引人为善。

> 仲尼曰："恶！恶可！大多政法而不谍。虽固，亦无罪。虽然，止是耳矣，夫胡可以及化！犹师心者也。"

"不可，全然不可。"孔子再一次否定了颜回的想法。"大多政法而不谍"的意思是，虽然此法彼法地分出了许多方法，却混乱且不踏实。"虽固，亦无罪"——算是不好也不坏吧。但是仅凭这中规中矩的方法，是不可能去感化一个人的。孔子教训颜回说，你仍然是个"师心者"——完全拘泥于自己的价值偏见的人。

> 颜回曰："吾无以进矣，敢问其方。"仲尼曰："斋，吾将语若。有而为之，其易邪？易之者，皞天不宜。"颜回曰："回之家贫，唯不饮酒、不茹荤者数月矣。若此则可以为斋乎？"曰："是祭祀之斋，非心斋也。"回曰："敢问心斋。"仲尼曰："若一志，无听之以耳而听之以心；无听之以心而听之以气。听止于耳，心止于符。气也者，虚而待物者也。唯道集虚。虚者，心斋也。"

受到孔子的批评之后，颜回终于放弃了。

"老师，我已经无计可施了。还请老师指点迷津。"

"你既然求教于我，我自当为你解惑。不过，只要你仍固执自身的价值偏见，不管我说什么，都是徒劳。你先去行斋戒吧，不虚化自我便想要做成某件事，是十分困难的。若是觉得不难，那便是否定真理。否定真理之人同样也会被真理否定。"

"老师命我斋戒，我却不认为自己有必要行斋戒。众人皆知，我家贫穷，过着'一箪食，一瓢饮'[1]的日子，罕有一次能喝到酒，这几个月里我更是半点荤腥都未沾过。这与斋戒有何区别？"

"我说的是内心的斋戒，与祭祀的斋戒是两回事。"

"何谓内心的斋戒？"

"乃统一内心，去除杂念。不用双耳或心知这种感觉或直觉去判断事物，而要通过'气'，也就是宇宙性的直观感受去把握它。双耳只能执行单纯的感官判断，心灵不过只是知觉的主体。感觉与直觉被外在形象束缚，作用实在有限。但是气，也就是宇宙性的直观本身并不拥有任何内容，因此能够随意自在地接受一切事物。道——实在之真相——只有通过这种宇宙性的直观才能被毫无遗漏地囊括。而心灵的斋戒——心斋，指的便是虚化自我的内心，直到获得那宇宙性直观为止。"

"皞天不宜"中"皞天"指皞然之天，也就是清晰明了的

1　"一箪食，一瓢饮"，出自《论语·雍也》。指颜回生活清贫。

真理。"听止于耳"一句按照清朝俞樾[1]的解释，应作"耳止于听"。"心止于符"中"符"为符号之意，此处意为将外物在心中用符号表征出来，也就是表象作用。

读到这里，值得注意的是庄子在说明心斋时使用的"虚"这一词。"虚"不仅是这一段问答的中心思想，更是《人间世》全篇的结论所在。此处对"虚"的说明，是联系"气"——本书中尝试着将其解释为宇宙性的直观感觉——这一概念进行的。

在《庄子》中，气不仅有"天地之一气"，还另有"阴阳之气""六气"等说法。由此可见，气遍布整个宇宙，是一切万物之所以成为一切万物的根本要素。人也是借由这气才得以成为人，人类生活之中的一切活动皆以气为基础才能实现。也就是说，宇宙与人本是同质。庄子便是在这宇宙和人的同质之中，试图对一切人类行为予以净化，并将人们经过了宇宙性的净化后的心境称为"虚"。所谓"听之以气"，是脱离一切人类活动，与本就同人类同质的宇宙合而为一。而在与宇宙融为一体后展现出的纯粹之态，被称为"虚"。所谓虚，并非是指空无一物（nothing），而是将自我虚化至宇宙性的自我境界。当自我被虚化至宇宙性自我后，才会有不为任何事物束缚的自由

---

1 俞樾（1821—1907），字荫甫，自号曲园居士，清末著名学者、文学家。著有《诸子平议·庄子平议》等。

无阻。这便是"游乎天地之一气"（出自《大宗师》）所描述的画面。所谓用气倾听，便是游于天地一气中。而所谓游于天地一气，自然指的是庄子的逍遥游了。因此，"虚"便是逍遥而游，"心斋"则是将自身置于能够逍遥游的境界。因此庄子让孔子说道："若想听我教导，先去行心斋。"庄子认为，若是从未自世俗之中放下过自我，终究是无法参透世俗中的真正智慧的。

颜回曰："回之未始得使，实自回也；得使之也，未始有回也，可谓虚乎？"

颜回不愧为孔门七十二贤之首，听了孔子关于心斋——虚——的解说，便豁然开朗，大彻大悟。

"未曾听过您方才所言时，"颜回说道，"我实在是被自我束缚得过头了。如今则不可同日而语了。我已经顿悟到，这个名为颜回的渺小自身，是从一开始便不曾存在过的。这种心境，是否就是'虚'呢？"

夫子曰："尽矣！吾语若：若能入游其樊而无感其名，入则鸣，不入则止。无门无毒，一宅而寓于不得已，则几矣。绝迹易，无行地难。为人使，易以伪，为天使，难以伪。闻以有翼飞者矣，未闻以无翼飞者也；闻以有知知者矣，未闻以无知知者也。瞻彼阕者，虚室生白，吉祥止止。夫且不止，是之谓坐驰。夫徇耳目内通而外于心知，鬼神将来舍，而况人乎！是万物之化也，禹、舜之所纽也，伏戏、几蘧之所行终，而况散焉者乎！"

"足够了。"孔子答道。这说明他已经认同颜回，认为颜回内心的准备足以理解他的教诲了。"那么，你到了卫国应该如何应对那暴君，我便说与你听。"于是，孔子给颜回的答案，成为了这一段对答的尾声。

"若能入游其樊"——"入"指去卫国。"樊"是鸟笼，此处引申为在礼教束缚下的世俗社会。"游"指的是正确认识礼教世界的束缚并予以接受的同时，又拥有一方自我不为之拘束的自由世界。也就是指从一切必然中寻找自由的态度。"无感其名"说的是即使置身于世俗世界之中，内心也不因世间的名誉富贵而动摇。"入则鸣，不入则止"指让内心之中绰有余裕，不将自己的主张强加给他人，而是仔细洞察对方的内心，在对方更容易被感化的时机开口，除此之外的时间则保持沉默。庄子用"鸣"来表说话之意，从而与前半句的"樊"相呼应。

"无门无毒"——"毒"是"窦"的假借字（民国章炳麟之说），指孔洞。所谓无门无孔，是保护自己的内心防止被旁人窥探，不给他人可乘之机。"一宅而寓于不得已"说的是一心维护自我的内在世界，不到万不得已，不去干涉他物。"则几矣"意为只要这样做了，便大致能够无甚过错了。

　　"绝迹易，无行地难"说的是为了不留下脚印而不去行走固然简单，但若想要行走却不留踪迹则万分困难。也就是说，否定世俗而躲避到深山幽谷之中并非难事，真正困难的是生活在尘俗之中却不沾半点凡尘，不让自我受到损伤。在《庄子》中，真正的超越者并不是否定人类本身之人，亦不是逃避现实世界之人。他们将自己置于现实的正中央，与世俗相交，同时还能够拥有不为任何事物束缚的自由，这才是真正的超越者的生活。也就是所谓的"大隐隐于市"。那么，真正的超越者又是如何做到行走于世间却不留半点痕迹，置身于世俗之中却不丧失自我的？庄子讲授道，"不为人使，为天使"。"人使"指的是受制于人为行动之人，"天使"则是顺从天理自然之人。"为人使，易以伪"—— 一味拘泥于人为行动便会轻易被虚伪之心俘虏，"为天使，难以伪"——顺从天理自然的人则不会被世间的险恶所伤。

　　"闻以有翼飞者矣，未闻以无翼飞者也；闻以有知知者矣，未闻以无知知者也"——人们将自身的智慧才能当作羽翼，妄想用它来解决万事，却从不考虑无翼的飞翔与无知的知识。而这无翼的飞翔才是至高的飞翔，无知的知识才是真正的智慧。无知之知便是虚。在摒弃一切自作聪明之心，达到无心之境后，世间的一切幸福便会纷至沓来。就好像越是在密不透风的虚空暗室之中，光线射入后便越能产生清晰皎然的光束。"瞻彼阕者，虚室生白"一句是用射进密室中的白光来比喻"吉祥止止"的过程。古代诗歌集《诗经》中多次出现过与"瞻彼阕者"相似的表达形式。

"夫且不止,是之谓坐驰"——"坐驰"指坐着奔跑。世间之人,哪怕身体一动不动,内心也在无时不刻地追名逐利,没有片刻放松。本该是拉车之马,他们却要追求赛马般的一生,这种不知疲倦的狂躁与无药可救的执迷不悟,都是因为他们不曾虚化自我而滋生出来的。这让庄子禁不住感慨叹息。

"夫徇耳目内通而外于心知,鬼神将来舍,而况人乎"——不过,若是有人能够真正虚化自我,也就是能够将一切外界事物按照本身之态加以理解,能够摒弃一切自我的主观偏见,能够以无心之态待人接物的话,那么他纯净无垢的德行便能够感动鬼神,连神明都愿意宿于他的内心。若是连鬼神都能被感化,又何况是人类呢。"是万物之化也"(可以考虑"万物之化"本该作"万物之所化")一句说的是,莫说是卫灵公了,世间一切生灵都会被他的德所感化。

"禹、舜之所纽也,伏戏、几蘧之所行终"——禹、舜、伏戏(亦写作伏羲)、几蘧这四个人,都是中国古代传说中的帝王,后世颂之为圣人。"纽"意为根本原理。自上古时期便被称为圣人的人,也将这"虚"作为个人生活和治国为政的根本原理,坚守始终。"而况散焉者乎"——更何况是那些寻常平庸之人呢?他们自然也是需要将这虚作为处世的根本的。

　　至此，便是《人间世》首段问答的全部内容了。庄子借这段孔子与颜回的处世之谈，说明了他自己的处世智慧，也就是虚的哲学思想。从庄子这一套处世智慧之中，可以看出他对世人的敏锐理解，以及对现实的深刻把握，这也是最值得我们注意的一点。

　　从一种较为古典的观点出发，早在两汉时期，便有人尝试将老庄思想的源头与古代中国的历史背景相联系（《汉书·艺文志》）。老庄思想本就不单是人们形而上学的欲求以及哲学观念的产物，它更是中国古代严苛的社会现实的产物。今日之荣耀将是明日之屈辱，今日之生将是明日之死，今日之有将是明日之无。在这样一方世界中，治而复乱，荣而复衰，成后又败，方兴便亡，人们彼此欺骗，彼此陷害，相互伤害，相互掠夺，悲伤恐惧，哀叹战栗。古代中国社会的历史背景之中产生出的老庄思想，是中华民族生活智慧的体现。若说在中国古代历史与社会的"幽暗低谷[1]"中孕育出的中华民族的生活智慧，非老庄思想莫属（老子屡次引"谷"字为喻，必然不是巧合）。

1　原文"暗い谷間"，大致指九·一八事变后的日本社会进入的时代，或指二·二六兵变后穿上卡其色军装参与太平洋战争的青年世代，多有苦闷、焦躁、黑暗、不安的特征。这个短语多为知识分子使用，例如熊谷孝著《增补版·太宰治——〈右大臣实朝〉试论》（1987）认为太宰治作品的读者群之一是阴暗山谷世代；又如日本著名经济学家大河内一男的自传作品题名为《阴暗山谷的自传》（暗い谷間の自伝）。该短语可能与《圣经·诗篇》23 章 4 节中的"死荫的幽谷（the valley of darkness）"有关。——编者注

　与其说老庄哲学是赞颂人性的善与美、充满了希望与自信的哲学，不如说它是一门为人性中不可救药的凶险与黑暗而恸哭，充满了绝望与不安的哲学。与其说它是一门仰仗权势沽名钓誉的统治者的哲学，不如说它是一门因贫贱屈辱及刑戮而颤抖的被统治者的哲学。它的开篇之处没有静思冥想，有的是变幻莫测的现实；没有自由的超脱，有的是桎梏之下的现实。老庄思想并不试图从桎梏中向外或向上逃离出世，而是教导人们拥有在自身之中，自本源之处参透现实的智慧。彻底参透了现实，便有了老庄的超脱与自由。老庄的超脱，指的便是从根源穿透一切束缚，从而向着自由腾飞。

　上述内容是老庄思想成立的基石。老庄的超越并非是逃避现实，而是打破束缚、自由地腾空而上。而庄子的超越，也就是逍遥之游，更是以庄子对现实的透彻掌握、对世人的细致理解为基础的。能够像他一般敏锐地侦破人类的弱小、脆怯、丑陋、卑微之态的思想家，恐怕屈指可数。能够像他一样深刻理解着人类社会的表里、权力的本质与统治者的真实样貌的哲学家，也寥寥无几。庄子身为一个伟大的人类学家的同时，又是一个卓越的社会学家。我们在品读《人间世》时，必须要时刻留意庄子对人类之理解的敏锐与丰富，留意他对现实之把握的全面与缜密。而他这对现实的细致观察，更是支撑起了庄子思想的全部内容。庄子式的超越者，便是在庄子对人与人类社会的彻底洞察之中，在庄子对人与人类社会的侮蔑、怜悯、慈爱的感情之中诞生的。

叶公子高将使于齐，问于仲尼曰："王使诸梁也甚重。齐之待使者，盖将甚敬而不急。匹夫犹未可动也，而况诸侯乎！吾甚栗之。子常语诸梁也曰：'凡事若小若大，寡不道以欢成。事若不成，则必有人道之患；事若成，则必有阴阳之患。若成若不成而后无患者，唯有德者能之。'吾食也执粗而不臧，爨无欲清之人。今吾朝受命而夕饮冰，我其内热与！吾未至乎事之情而既有阴阳之患矣！事若不成，必有人道之患，是两也。为人臣者不足以任之，子其有以语我来！"

庄子借孔子与颜回的对答说明了以虚处世——无心之哲学，接下来则让楚国大夫叶公来到孔子面前，与孔子进行了一场外交谈话，体现出了身在现实之中的超越者的智慧。

楚国为南方强国，而齐国则是东方大国。叶公（名诸梁，字子高）受楚王之命，将要出使齐国。问答的开端，是叶公对这事的恐惧、憋闷与悲伤。叶公心中的恐惧、憋闷与悲伤之感，同样也是在当时所有生活在中国社会中的人内心的战栗、苦闷与悲叹。

138

"我受楚王之命,即将出使齐国。"一日,楚国家老[1]叶公对孔子如是说道。

"此次出使兹事重大,但谈判的形势却极不乐观。齐国看似恭敬实则有意疏远,似乎故意拖延交涉进度。谚语道:'一个人不论多么卑贱,他的志向都不会受他人支配。'更何况是泱泱大国的君主呢。我怎么可能让他改变主意呢?一想到这里,我的心就不停颤抖。

"记得你曾经对我说过,事不论大小,若是不遵循自然道理,都鲜有能够圆满成功的。不遵循自然道理的行为,一旦失败,必将受到世间的惩罚。若是侥幸成功,也会因强求而罹患病症。不论顺利与否,都能够保全自我的生活方式,只有有德者——真正顿悟了道的人——才能实现。

"但我每日膳食极为简朴,从不食用奢侈食材,厨房中的下人也从不让火烧得太旺。即便如此,今日早晨楚王命我出使,到了傍晚我便发起热来,恨不得吞冰块来降温。难道说我的五脏正在被忧苦炙烤吗?我尚未真正上任,也未启程出使,便已经提前被病痛折磨了。若是因此我没能完成使臣的任务,必定是要接受国家的刑罚的。这样一来,我岂不是内外兼祸?这样下去,我身为人臣尽忠职守的可能性便微乎其微了。你能

---

1 家老,先秦时期卿大夫家族家臣中的长者,后也泛指民间家族中的长者。

否指点我一二？”

文中“阴阳之患”指的是因阴阳之气的不协调而造成的各种生理或心理的疾病，阴阳之气，是维系人类生命现象的气。“人道之患”则是人们受到的来自所属社会生活外部的法律制裁，也就是刑罚。“两”指的是内部失去身心的安定，外部则被刑戮折磨，是一种彻底的自我破灭。

　　仲尼曰：“天下有大戒二：其一命也，其一义也。子之爱亲，命也，不可解于心；臣之事君，义也，无适而非君也，无所逃于天地之间。是之谓大戒。是以夫事其亲者，不择地而安之，孝之至也；夫事其君者，不择事而安之，忠之盛也；自事其心者，哀乐不易施乎前，知其不可奈何而安之若命，德之至也。为人臣子者，固有所不得已。行事之情而忘其身，何暇至于悦生而恶死！夫子其行可矣！”

孔子闻言答道：

“世间最应警惕于心之物有二。一是‘命’——人类在获得其存在本身的同时被赋予的命运的规则，也就是父母与子女的关系。第二则是‘义’——人类在社会生活中受到的规范所拥有的规则，也就是君臣的关系。父母子女的关系是命定的联系，所以子女敬爱双亲是无法磨灭的天生情感。而君臣之间则是规范性的关系，不论哪个社会都有君主，不论生活在世界的哪一个角落，都无法避免地要作为人臣来辅佐君王。

"故而，孝顺父母者，若是在任何地方都能心甘情愿地听从父母之言，便是无上之孝。效命于君主者，若是在任何工作中都乐于听从君王的命令，便是无上之忠。另外，忠于自我之心的人，不论眼前发生了怎样的从外向内扰乱自我心灵的事情，都能在其中维持内心的稳定，清楚认识到以人的能力能够做到与无法做到之事。在那些人无能为力的命运面前，便只是热爱它并置身于其中，顺其自然，这就是至高无上之德。

"人生在世，或为人臣，或为子女，这是命定的自然，或可说是必然。既然这属于命运赋予的必然，人们便只能在得到的现实之中忘却自我，无心地生活下去。在此种境界中，世人好生恶死的分别是完全没有用的。那里有的是将一切必然作为自我的必然而欣然接受的伟大的爱与肯定，有的是得到了真正解放的自我以及安逸的生活。你无需瞻前顾后，尽管出发便是了。如果能够将我方才说的那般心境化为自己的心境，那么就没有什么可怕的了。"

值得注意的是"其不可奈何""有所不得已"这两句。

庄子已经屡次提及这两种说法，在他看来，所谓"有所不得已"说的是远远超越了人类一切意志与努力的必然。"其不可奈何"则是人类一切反抗与挣扎背后隐藏着的巨大的偶然。

的确，人类是在远远超过人类自身想象的偶然性之中成为人类的。自己生于何处，父母是谁，生而为男还是生而为女，家境富庶还是一贫如洗，等等，这一切都是无法通过自我意志进行选择的偶然。每一个人都应将这些偶然看作自己的必然生活下去；这必然，又是自己所获得的偶然。人类的存在是在这巨大的偶然（必然）的支撑中维系下来的。也就是说，人类是"不得已"才存于世间的。

同时，人类又是历史现实中的具体存在之一，因此每个人必须或为父、或为子；或为君（支配者）、或为臣（被支配者）。非父非子、非君非臣之人，不过是一个抽象的普遍人类概念而已。人，本应为人伦。而人却时而反感甚至反抗身为人伦的自我。但不论人如何反抗人伦，只要人类仍是社会性存在，便无法否定人伦，也无法从人伦中逃脱。否定人伦，便是否定人类自身，否定人类社会。也就是说，人类是"不可奈何"的存在。

父母子女的关系、君臣的关系是人类的意志及选择无法超越的无可奈何的必然——命运。那么，庄子式的绝对者将一切所得都看作自我之现实，他们在不可奈何之物面前，自然也会选择完全顺从，并在顺从之中诉说人类的自由与解放。而深深潜入这不可奈何、让人束手无策的人类现实之中，便是庄子的超越与飞升的开始。庄子并不是逃避现实、冷眼旁观、纸上谈兵的哲学理论家，他是在现实的重压下仍然稳健而起的生活实践者。在他所处的时代之中，集权体制涌出汩汩黑血，古代中国的政治社会处于黑暗艰险的现实之中。而庄子则将这一切也作为"不可奈何"之事而接受。与其否定现实以至于失去做人的根本，庄子更希望接受一切，作为真正的人而活。这背后隐藏的是庄子对人的完全肯定。在这贯彻始终的肯定之中，庄子最想要展示的则是他作为中国人的姿态。

"丘请复以所闻：凡交，近则必相靡以信，远则必忠之以言。言必或传之。夫传两喜两怒之言，天下之难者也。夫两喜必多溢美之言，两怒必多溢恶之言。凡溢之类妄，妄则其信之也莫，莫则传言者殃。故法言曰：'传其常情，无传其溢言，则几乎全。'

"靡"同"縻"，意为连接、联结。"其信之也莫"为"莫信之也"的倒装。"莫"同"无"。"法言"指的是应被视为世人普遍法则的言论，也就是格言。有注解将"法言"解为古书书名。

孔子进而说道："我便将我自身所学说与你听听吧。这是一些关于语言真实性的思考。

"与邻近之人相交，只要以坦诚相待的真心就可以在彼此间建立联系。若二者相隔甚远，就必须要使用语言向对方证明自己的诚信。要使用语言，自然便需要一个传达语言的媒介。传递双方语言，绝不是一件容易的差事。其中最难的，要数那些能使双方都欢喜或是令双方都感觉愤怒的言辞。

"之所以这么说，是因为那些能够令双方都感到欢喜的内容，大多经过了超出事实范围的正面夸张。而使双方都感到愤怒的语言，大多含有超乎事实的负面夸张。但凡超出事实的言论都是无稽之谈；既是无稽之谈，便不会有人愿意真正信赖它。若无人信赖，说出这类无稽之谈的人便会被追究责任，引祸上身。因此自古便有格言道：'传达真实的内容，不说将实事夸大后的话，如此便大致能够保全自身了。'"

"且以巧斗力者，始乎阳，常卒乎阴，泰至则多奇巧；以礼饮酒者，始乎治，常卒乎乱，泰至则多奇乐。凡事亦然，始乎谅，常卒乎鄙；其作始也简，其将毕也必巨。"

"泰"同"太"，指非常。参照清朝俞樾的观点，"始乎谅"中"谅"应意为"都"。"都"与"鄙"相对，指动作举止十分优雅。

"再者说，"孔子继续说道，"无论何事，贯彻始终都十分重要。

"举一个浅显的例子吧。当与他人比拼某种技艺以决一胜负时，世间之人多半在一开始漫不经心，结果不知从何时起便较起真来，最终以满腔的愤怒尴尬收场。最极端的情况，甚至会使用计策，陷害对方使其受伤。

"还有一个例子。在宴会仪式上经常可见这样的画面：最开始大家都彬彬有礼，举止得体。但渐渐便杯盘狼藉、酒气熏天、大吵大闹起来。若是过了头，甚至会袒身起舞、恶意玩笑、打架斗殴等。虽然我只举了这两例，但世间万事皆是如此，起初优雅得体，到了末尾则变得恶劣粗鄙，这是世间最常见的现象。更不用说那些一开始就敷衍了事的人，到了最后一定会演变成荒谬至极的结局，甚至让人束手无策。因此，自始便慎重行事，直到结束都不放松的态度才是重中之重。"

"言者，风波也；行者，实丧也。夫风波易以动，实丧易以危。故忿设无由，巧言偏辞。兽死不择音，气息茀然，于是并生心厉。剋核太至，则必有不肖之心应之，而不知其然也。苟为不知其然也，孰知其所终！故法言曰：'无迁令，无劝成。过度益也。'迁令劝成殆事。美成在久，恶成不及改，可不慎与！

"实丧"为难解词。清朝王先谦[1]认为应解释为得失祸福。

---

1 王先谦（1842—1917），清末学者、史学家、经学家、训诂学家。有《庄子集解》等著作。

"实丧易以危"说的是，人的得失祸福是飘忽不定的，随时都有反转的危险。"气息茀然"指喘息剧烈、上气不接下气之态。"无迁令"中"令"为命令。

"我再多说几句，谈一谈人类语言的不稳定性。

"没有什么比人类的语言更加反复无常的了。同样一句话，说话人的心理状态变了，这句话也就会随之被改变、被歪曲、被夸大。人类的语言随时都是这样不稳定的。可以用飘忽不定的风浪来比喻这种不稳定性。人的所作所为承担着人的得失祸福，而得失祸福随时都面临着被倾覆的危险，这种不稳定性将人暴露在无限的危机面前。语言的不稳定性，与方才所言的行为之不稳定性相互影响。因此人们感情的纠葛也不是源于别的什么，正是由于那些被歪曲的语言——阿谀奉承或是捕风捉影的言论。

"野兽临死前会发出歇斯底里的哀鸣，呼吸剧烈且紊乱，精神暴躁异常。人也是一样，若是被逼到山穷水尽处，在痛苦的同时，便会产生负面情绪，甚至连自己都不明白自己是怎么了，为何什么样的话都能说得出口。一旦陷入了自己都无法理解自己的状态之中，即使只有片刻，都是无法预测自己会做出什么的。所以古时也有格言警戒世人：'不可擅自改动他人的命令，不可强求成功。'人们的自作主张、添油加醋使语言被歪曲。若是未经同意便改变他人的命令，强行要求事情一定要取得成功，反而会更加危险。自古以来，一桩美事需要很长的时间来成就，而坏事一旦酿成，就很难扭转。所以，你也不可因一时的痛苦便架谎凿空或阿谀奉承，甚至擅自篡改君令，强求成功。这才是最重要的。"

"且夫乘物以游心，托不得已以养中，至矣。何作为报也！莫若为致命，此其难者。"

"何况，"孔子之言接近了尾声，"究其根本，便是要顺从一切万物自然，让自我之心畅游在无心之境。置身于自我以及世界的不可奈何的必然中，持之以恒地滋养自我内心。这便是至上的处世之法，是绝对者的生活方式。只要立于这般境界之中，便无须在意自己身为使臣的一言一行了，将君主之命原封不动地转述出去便可。然而其实这原封不动，才是最难。"

"乘物以游心，托不得已以养中"一句是这段问答的结论，也是《人间世》全篇的结论。庄子在孔子与颜回的问答之中阐述了虚——无心——这种绝对者在现实中生活的智慧。在这一段孔子与叶公子高的对答中，则强调了顺从无心——命运——的必然的重要性。

庄子从人们"对未来的迷惘"的角度分析了人类最大的悲伤与恐惧。他认为，正是从人们对未来的迷惘之中，才产生了人们所有的悲哀，人们才开始丧失自我。因此他教导世人，要将当下看为当下，要彻底活在当下。如果人真的有绝对自由，那一定是指将一切的必然看作自我之必然而加以接受的自由。屈辱也好，死亡也罢，都要坚定地接受这一切的必然。这坚定之中才有真正健全、安宁的生活。庄子的无心，是这种肯定一切的精神。在肯定一切之后，便有了不为任何事物束缚的自我。庄子探讨的，就是这不受任何束缚的自我。他将其称为"乘物以游心，托不得已以养中"之人。而这"乘物以游心，托不得已以养中"之人，无疑便是庄子式的超越者了。

> 颜阖将傅卫灵公太子，而问于蘧伯玉曰："有人于此，其德天杀。与之为无方则危吾国，与之为有方则危吾身。其知适足以知人之过，而不知其所以过。若然者，吾奈之何？"

《人间世》的第三段故事，说的是鲁国贤人颜阖与卫国贤大夫蘧伯玉之间关于教导储君的一段对答。

颜阖负责教导的卫灵公的太子，就是《人间世》开头处提到的蒯聩，性情暴虐。他"德天杀"——仿佛被上天扼杀了德行，天生刻薄且狂躁。"与之为无方则危吾国"——若是放任他的暴虐于不顾，时间一长必会亡国。"与之为有方则危吾身"——若是我向他进谏，欲将他引上正途，他必然会一气之下把我杀掉。实在是无计可施。若说他是个彻底愚昧之人吧，他却具备分辨他人缺点的智慧，但他却不明白为什么自己会被看作让人束手无策的恶人。于是颜阖便求助于卫国德高望重的大夫蘧伯玉。

"这般仿若天下恶德之写照的人，要如何教导才是？"

蘧伯玉随即答道：

> 蘧伯玉曰："善哉问乎！戒之，慎之，正女身哉！形莫若就，心莫若和。虽然，之二者有患。就不欲入，和不欲出。形就而入，且为颠、为灭、为崩、为蹶；心和而出，且为声、为名、为妖、为孽。彼且为婴儿，亦与之为婴儿；彼且为无町畦，亦与之为无町畦；彼且为无崖，亦与之为无崖；达之，入于无疵。

"这个问题问得好！在这件事上，应该有慎重再慎重的态度。首先，你自己需要具备端正的德行。进而，表面上与对方同步，内心与之融合，自然而然你自己的德行便能够感化他了。但是这在外与之同调，于内与之融合的方法，却各自有各自的难处。当你与之同调时，要保持自己的主体性不丧失，不被对方影响。感化他时，你要做到不显露在外。若是你失去了主体性，反被对方影响，便是适得其反，导致你的自我破灭甚至崩坏；若是你过于露骨地表现出想要感化对方的意图，那便会招来名望以及伴随名望而来的一切灾祸。所以最重要的是虚化自我，完全顺应对方。在顺应对方的过程中，潜移默化地感化他。如果他如同孩童一般无理取闹，你便同他一起胡搅蛮缠；若是他荒唐无度，做出一些荒谬之事的话，你便也同他一样散漫，做些荒唐的举动出来；若是他如脱缰野马一般放纵自己，你便也如他一般放纵便是。如此这般，他如何做，你便如何做。渐渐地，他自然会被你感化，转而拥有优秀的品格。除此之外，没有其他方法能够教导那般残暴之人了。"

"汝不知夫螳螂乎？怒其臂以当车辙，不知其不胜任也，是其才之美者也。戒之，慎之，积伐而美者以犯之，几矣！汝不知夫养虎者乎？不敢以生物与之，为其杀之之怒也；不敢以全物与之，为其决之之怒也。时其饥饱，达其怒心。虎之与人异类而媚养己者，顺也；故其杀者，逆也。夫爱马者，以筐盛矢，以蜃盛溺。适有蚊虻仆缘，而拊之不时，则缺衔、毁首、碎胸。意有所至而爱有所亡，可不慎邪？"

"在残暴的君主朝中为臣，最需要注意的，便是不能卖弄自己的才能与德行，不能将自己的善强加于对方。

"想来你也见到过，螳螂掂量不清自己的能力，强伸臂膀，妄图与滚动的车轮相对抗，最终被碾压。螳螂那自以为是的愚蠢，是倚仗自己才能与美德之人的典型悲剧。定要多加注意，若你恃才放旷，妄图向那暴君提出意见，那么你不遭遇祸害才让人觉得不可思议。

"掌权者的恣意就如同饿虎一般狂暴。你也应有所耳闻，驯化可怖老虎的人被称为驯兽师。驯兽师绝对不会将活着的动物喂给老虎，因为他害怕活物会激起老虎捕猎的亢奋精神。另外，即便是已死的动物，他也绝不会将完整的一只喂给老虎，因为他害怕老虎会在撕咬猎物的过程中变得兴奋。驯兽师会根据老虎的饥饿程度给老虎适量的食物，巧妙地抑制老虎的狂暴之心。人与老虎并非同类，但是老虎却会亲近驯养自己的人，是驯兽师顺应了老虎本性的结果。反之，若驯兽师被老虎咬死，便是由于他触逆了老虎的本性，也就是不懂得如何养虎。

"从我刚才所说的这些也能看出，在一切人际关系中，都要仔细观察对方的本性，虚化自身，让自己顺应对方的本性，这是最重要的。若你违逆了对方的本性，老虎那样的狂暴猛兽自不必说，哪怕是马匹一般温顺的家畜也不会认同你。一些爱马之人，不吝于用精致的竹筐来装污秽的马粪，用精美的贝壳装马尿。他们对马尽心尽力。但即便如此，若是他恰巧看到马身上蚊虫聚集而突然拍打马身，马也会横冲直撞，咬碎嚼子，撞伤脖子，撞坏胸骨，陷入让人无从收束的狂暴之中。这些爱马之人虽然对马无微不至，但一点小小的失误，也可以将这珍爱毁于一旦。也就是说，任何事情都不能缺乏细致入微的观察，不能违背对方的本性。对太子蒯聩的教导也是同理，要慎重地思考，万分小心，以防引祸上身。"

庄子在这段小故事中也是同样，借由蘧伯玉之言来阐述他关于无心与随顺的哲学。值得我们注意的是，在这一段中，他明确地向我们说明了无心与随顺的真义和无为自然思想的一种根本性格。

庄子所谓的无心与随顺，并不是教导人们胳膊拧不过大腿便随波逐流地妥协。他提倡的是在虚化自我之中寻找真正的自我，在完全随顺之中追求伟大实践的积极人生态度，也就是"无为而无不为"的自我解放与一切随顺，这才是庄子的至极之处。在单纯的妥协与屈服之中，是无法产生绝对者自由无束的影响作用的。庄子的"无为"，是以"无不为"为目的的"无为"；他的随顺，是为了至大肯定而做出的自我否定。庄子将这随顺哲学的真义，通过驯兽师饲养饿虎的比喻进行了论述。他关注的是如何驯养老虎，而不是如何击杀老虎，或是远离逃避老虎。他将老虎与老虎凶暴的本性一同加以肯定，讲述了骑在老虎背上逍遥而游的方法。这体现了庄子思想的傲然与坚韧，同时也蕴含了老庄思想一贯的强烈主我性与不可端倪的狡黠色彩。

另外，还有一点值得注意——庄子先将掌权者的恣意比作饿虎的狂暴，进而开始对驯养饿虎之法进行说明。这一论述手法，很容易让人联想到以逆鳞的比喻而为人所知的《韩非子·说难》。

韩非子所处时代较庄子晚半个多世纪，他是战国末期秦朝初期举世闻名的法家思想集大成者，也是一个彻底的现实主义思想家。在韩非子对人的理解，以及说服权力者时的巧妙智慧之中，包含了许多贯穿庄子"现实之智慧"的内容。

我们暂且放下老庄思想的起源及本质不谈，单从它的后续发展来看，是与法家思想有着密切的联系的。笔者认为其中原因之一，也正如同汉代以后的中国思想史所记载的那般，可以归结于《庄子》与《韩非子》中共通的对人与人类社会的敏锐洞察。庄子与韩非子同处战国末期，彼时中国社会动荡，二人的成长伴随着同样的混乱与迷茫。他们一同透过历史现实的阴暗与险恶凝视着世人，从而理解了人类社会。庄子尝试着从内部超越，而韩非子则选择从外部治理。他们所了解的现实，同样都是当时中国社会的现实。庄子讲述精神的绝对者，韩非子则讲述权力的绝对者。但这二人心中描画的，都是以中国社会现实为背景的绝对者。然而，在与权力国家意识形态结合之后，绝对者的哲学面临的将会是被歪曲的命运。这一点，联想一下尼采哲学与纳粹主义之间的关系，便也不能说是无稽之谈了。老庄思想也不例外，随着秦汉时期统一国家的成立，逐渐改变了样貌。至少这逐渐变化的可能性，是内包于其中的。笔者认为，这变化的原因，或者说是证据之一在于作为超越哲学庄子思想中的现实性。

　　匠石之齐，至于曲辕，见栎社树。其大蔽牛，絜之百围，其高临山，十仞而后有枝，其可以为舟者旁十数。观者如市，匠伯不顾，遂行不辍。弟子厌观之，走及匠石，曰："自吾执斧斤以随夫子，未尝见材如此其美也。先生不肯视，行不辍，何邪？"曰："已矣，勿言之矣！散木也。以为舟则沈，以为棺椁则速腐，以为器则速毁，以为门户则液樠，以为柱则蠹，是不材之木也。无所可用，故能若是之寿。"

　　庄子最初借由孔子与颜回，其次是孔子与叶公子高，进而是蘧伯玉与颜阖的对答，说明了无心与随顺的处世之道。接下来，他笔锋一转，写起了匠石与弟子的问答，强调了"无用之用"的处世之法。

　　关于无用之用，早在《逍遥游》中，庄子便已经通过与惠施的问答有所涉及了。此处，则是将其作为庄子式超越者的处世智慧，进行了更加具体且现实的说明。

　　从前有一个叫石的工匠，十分有名。一次，他去齐国旅行，来到一处名为曲辕的地方。他在那里的"社"中发现了一棵栎树。"社"是供奉着土地神的地方。"栎社"则是将栎树当作神木的社。如果是用柏树便称为"柏社",用栗树便是"栗社"。"其大蔽牛"说的是栎树之大,高耸入云,它在地上投下的树影甚至可以让牛群在其下休憩。"絜之百围"的"絜"同"量",指测量。若量一下它的树干,竟有百围之粗。"其高临山,十仞而后有枝"——这树的高度可以俯瞰山岳,自地面八十尺之处才初见枝丫。"其可以为舟者旁十数"——能够用来做舟的巨大树枝竟有十多根,实在是举世罕见的巨大树木。"观者如市"说的是想要观摩这罕见大树的人很多,仿佛纷至沓来的集市一样。

但匠石竟然连看都不看一眼,便从巨木边匆匆走过了。正在树下叹为观止的弟子们慌忙追着师傅也离开了。

"我们手握斧斤成为老师的弟子之后,还是头一回见到如此厉害的木材。然而老师您却连看都不看上一眼便离开了。究竟是为何?"

"别说傻话了。那是散木,也就是无用之木。用它做舟,舟会沉底;若用它做棺,不日便会腐烂;若用来做工具,用不了多久便会坏;用来做门窗,会生油脂;用来做门柱,会遭虫蛀。实在是毫无用处的无用之木。也正是因为它毫无用处,才能活了这么多年。"

匠石归,栎社见梦曰:"女将恶乎比予哉?若将比予于文木邪？夫柤梨橘柚果蓏之属，实熟则剥，则辱。大枝折，小枝泄。此以其能苦其生者也。故不终其天年而中道夭，自掊击于世俗者也。物莫不若是。且予求无所可用，久矣！几死，乃今得之，为予大用。使予也而有用，且得有此大也邪？且也若与予也，皆物也，奈何哉其相物也？而几死之散人，又恶知散木！"

匠石结束旅程，回到家中。当晚，他于榻上酣睡，那栎树的树精悄然入了他的梦境。

"喂，石，你是把本树跟什么做比较，才得出本树是散木，是无用之木的结论的？你是想把本树和文木——有益于世间的木材——做比较吗？

"你们人类看重像是柤[1]、梨、橘、柚一类的'果蓏'，也就是树果、草果。正是因为你们的看重，这些树才会一到果实成熟时便被摘光，平白受到屈辱。粗大的枝干被折断，细小的枝丫则被掰弯，简直是无妄之灾。这也仅仅是因为它们的果实拥有能够让人类享受口腹之欲的价值罢了。所以它们甚至无法享尽天赐的寿命，活到一半便干枯了。完全就是自作自受，才会被世俗所毁。不过这也不仅仅限于植物。世间之物，皆是如此。但是本树可不一样。自很久以前我便希望自己能够对世人

---

1 "柤"同"楂"，山楂。

156

无用。现在，我都快活到头了，才终于被你称作是散木，这愿望才算是实现了，我也就能够真正发挥作用了。我若真的是什么有用的木材，那我早就被砍走了，也就不可能长成这般巨木了。但是，不论是说我没用的你，还是被你称为没用的我，归根结底，不都是同处于大自然中的一物吗？既然同为自然中的一物，一切万物又皆为齐同，你如何能有资格评价别人的价值呢？像你这种无能之人，是不可能看出本树是否真的为散木的。"

匠石觉而诊其梦。弟子曰："趣取无用，则为社何邪？"曰："密！若无言！彼亦直寄焉！以为不知己者诟厉也。不为社者，且几有翦乎！且也彼其所保与众异，而以义喻之，不亦远乎！"

匠石从梦中醒来，将自己的神奇梦境讲给弟子们听。弟子听罢，反问道：

"自己主动追求无用的树，为何最终能够高居神木这等有用显贵的地位？"

匠石打断了他接下来的话，说道：

"多说无益。那棵栎社神木委身于社，只是一时权宜。它从一开始便不曾考虑过显贵的地位。若是它会做那等无谓的计较，那么除了那些不懂得它真意之人的恶意中伤之外，它肯定是想不了别的事情了。另外，像它这样的超越者，就算不贵为神木，同样也不会受到诸如被人类砍伐的祸患的。而且这株社之树拥有的价值观，与世间普遍的看法有着天壤之别。所以用世间的一般常识来思考判断这般境界的栎社之树，本就是大错特错。"

文中"诊"同告。"且几有翦乎"的"几"可解为岂。"以义喻之"中的"义"为人世间的正确道理，此处引申为世俗的价值观。"喻"为称，意为估量。"且也彼其所保与众异"之意很明显，意味着栎社之树与"文"相比选择了"散"，在有用与无用之中选择了无用的生活原理。这一句，从某种程度上说，也可以看作这段故事的结论。

世间之人尊重"文人""文木"的有用性。但对世俗有用，归根结底还是局限于世俗，仍是在常识的价值世界中沉浮。因此，超越者远远超脱于一切世俗束缚，否定一切世俗价值观，成为了"散人""散木"。"散人""散木"指的便是将世俗的无用作为自我的有用性的人或物。散人与散木也是庄子讴歌的对象。

那么，在庄子这种"散"思想——无用之用的处世之法——的源头，到底是什么在支撑着它？显而易见，那就是庄子对世俗中的利益主义、功利主义的强烈反击。庄子坚决抨击当时文人的伪善与形式主义。同时，也对当时社会的利益主义、功利主义进行了毫不留情的批判与痛骂。世俗之人将世间的有用性看作一切价值判断的基准。庄子则在这有用性的"自由之生"中强调无用性，从而向人们说明，反而是在世间所谓的无用性之中才隐藏着真正的有用性。

在文字背后，我们能够感受到庄子激昂的反俗精神以及他不与众愚为伍的孤高与自负。他自那孤高、自负与反俗的高空，暂且落回到了世俗与众愚之中。自此，才开始有了他对一切的肯定与无私的随顺。但是我们无论如何都不能漏看的是，在这肯定一切与无私随顺的深处隐藏着的庄子的强烈自我以及否定精神。无用之用是超越者在世俗之中的处世智慧，同时也揭示着庄子对世俗的叛逆。"且也彼其所保与众异"——这句则是最能让我们感受到庄子的这种叛逆情绪的一句。笔者认为，若不理解庄子这叛逆与否定的精神，就很难准确地把握他的思想。

南伯子綦游乎商之丘，见大木焉，有异：结驷千乘，隐将芘其所藾。子綦曰："此何木也哉！此必有异材夫！"仰而视其细枝，则拳曲而不可以为栋梁；俯而视其大根，则轴解而不可以为棺椁；咶其叶，则口烂而为伤；嗅之，则使人狂醒三日而不已。子綦曰"此果不材之木也，以至于此其大也。嗟乎，神人以此不材。"

本节同样也是关于无用之用的解说，与前一段故事有异曲同工之妙。

"南伯子綦"与《齐物论》中所见的南郭子綦是同一人。"商之丘"为地名，位于庄子故国宋国（现河南省有地级市名为商丘）。商丘这一地名，则作为这一段故事的发生地而闻名。"结驷千乘"指千辆由四匹马牵引的马车。"驷"指四匹马。"隐将芘其所藾"说的是巨木之大，甚至可以让这千辆的马车与拉车的四千匹马一同在它的树荫下乘凉。"嗟乎，神人以此不材"——过去的绝对者一定也是这般，将这不材之材、无用之用当作处世之理来享尽自我之生的。

> 宋有荆氏者，宜楸柏桑。其拱把而上者，求狙猴之杙者斩之；三围四围，求高名之丽者斩之；七围八围，贵人富商之家求禅傍者斩之。故未终其天年而中道之夭于斧斤，此材之患也。故解之以牛之白颡者，与豚之亢鼻者，与人有痔病者，不可以适河。此皆巫祝以知之矣，所以为不祥也，此乃神人之所以为大祥也。

这一节内容围绕的是绝对者的价值转换——有用的无用性以及无用的有用性。

"荆氏"为地名，据载是适宜楸、柏、桑等有用的树木生长的地方。"拱把"的"拱"指两手合握的大小，"把"则是单

160

手可握的粗细。"杙"是可将系猴的绳子拴于其上，让猴子玩耍的树。"高名之丽"的"名"为"宀"的假借字。"宀"则同"家"（马叙伦之解）。"丽"为房梁。"禅傍"指棺木侧面使用的木板。其他抄本中亦写作"椫"。

"解"是春季祭祀河神的活动。在祭河神时，需将猪牛等动物，有时甚至是人作为祭品。但额头颜色发白的牛或鼻子高高向上撅起的猪，以及患有痔漏的人是没有资格成为祭品的。主祭将这些动物或人看作不祥之物，决不会当作祭品带到河边去。正是因为不祥，不够资格，他（它）们才得以免于死亡，获得无上的幸福。

"神人之所以为大祥也"——对于那些以自我之生的善终作为第一要务的庄子式的绝对者来说，世俗之人眼中的丑恶与不祥等无用性，才是最大的有用性。庄子认为，世间所谓的不幸，对他来说才是真正的幸福。他这般说着，面上溢出笑容，对那些常识偏爱的美与善，以及一切价值不屑一顾。同时，他在灾祸中创造幸福，在古怪之物、丑陋之物中发现无限的美好。在庄子看来，神人便是新价值的创造者。

　　支离疏者，颐隐于齐，肩高于顶，会撮指天，五管在上，两髀为胁。挫针治繲，足以糊口；鼓筴播精，足以食十人。上征武士，则支离攘臂于其间；上有大役，

则支离以有常疾不受功；上与病者粟，则受三钟与十束
薪。夫支离其形者，犹足以养其身，终其天年，又况支
离其德者乎！

在这一段中，庄子着墨于以丑陋而闻名于世的支离疏，借
由他来赞美"无用之用"。

这名叫作支离疏的男子，严重驼背，下巴藏于肚脐下，双
肩突出高于头顶，发髻直指向天，五脏的高度在头部之上，两
条大腿抵在两肋之处。世间之人都称他丑。

但是他每日做裁缝或给人洗衣，便足以糊口。若再用簸箕
为人筛米，便能够养活十口人，地位并不卑微。另外，一旦发
生战乱，朝廷征兵，他因身有残疾，是不会被拉去充壮丁的。
其他壮年男子都四处躲藏，他甚至可以在官兵面前大摇大摆。
若是天家大兴土木，要百姓服徭役，他因是伤残人士便不会被
逼去参加艰苦的劳动。不仅如此，当朝廷为残疾人、病人赈
济粮食时，他还能得到三钟（一钟是六斛四斗[1]）的粮食与十捆
柴。着实是个幸福的人。

庄子用幽默的笔触描写了这可爱的支离疏，最后又附加了
这样一句：

1　斛，中国古代旧量器名，亦是容量单位。唐朝之前，斛为石的俗称，一斛为一
石，一石为十斗，约一百二十斤。

"夫支离其形者，犹足以养其身，终其天年，又况支离其德者乎"——肉体上有残疾的人都可以没有任何束缚地生活，享尽天年，更何况那些只是在精神上有失德行，也就是粉碎了世间的仁义道德之人呢？他们自然也是可以保全自己本来的生命的。

支离疏的"支离"二字，取支离灭裂之意，指不完整。绝对者使"德"不完整，可以品读出庄子对儒家礼教思想的伪善与形式主义发出的强烈反击，以及辛辣的讽刺。同时，亦可以看出庄子对异形之物的嗜好，对非同寻常之物的憧憬。他屡次描写残疾之人，无一不精致细腻，生动形象，想必也是出于他的这一嗜好。换言之，庄子的气质与性格本就含有对正统之物、寻常之物的反感与抗拒，这也可以说是他的思想中最根本的特点之一。

孔子适楚，楚狂接舆游其门曰："凤兮凤兮，何如德之衰也。来世不可待，往世不可追也。天下有道，圣人成焉；天下无道，圣人生焉。方今之时，仅免刑焉！福轻乎羽，莫之知载；祸重乎地，莫之知避。已乎，已乎！临人以德。殆乎，殆乎！画地而趋。迷阳，迷阳，无伤吾行。吾行却曲，无伤吾足。"山木自寇也，膏火自煎也。桂可食，故伐之；漆可用，故割之。人皆知有用之用，而莫知无用之用也。

接下来，《人间世》中最后一段故事，是孔子与楚国隐士狂接舆的对答（狂接舆与《逍遥游》的接舆为同一人物。"狂"指的是与世俗相异、不将世俗的活法作为自身处世之法的态度）。

孔子与狂接舆的对答，在《论语·微子》中也有记载。具体内容如下：

> 楚狂接舆歌而过孔子曰："凤兮凤兮！何德之衰？往者不可谏，来者犹可追。已而已而！今之从政者殆而！"孔子下，欲与之言。趋而辟之，不得与之言。

庄子仿拟《论语》中这段孔子与狂接舆问答的记载，缀于最后，用以强调无用之用，从而收束全篇。

"凤兮凤兮，何如德之衰也"——凤是据说会在太平盛世时降临的祥瑞之鸟，此处指孔子。都说凤象征着圣明的天子，将降临于太平之世，如今竟在如此乱世之中现身，看来这凤的德行也是衰败了。孔子为了自己的理想而在乱世之中如同流落街头的野狗一般东奔西走，这让狂接舆不禁发出痛惜的感叹。

"来世不可待，往世不可追也"——人们用对未来的期待以及对过去的追忆来疗愈现实带来的痛苦，但未来便是未来，而非现在；过去只是过去，亦非今日。即便现实黑暗险恶，但除却在这天道赐予的现实之中生存以外，又还能有什么别种的人生呢？"天下有道，圣人成焉；天下无道，圣人生焉"——古时的圣人在治世中出世，成就自己的理想；在乱世中隐世，独自成就己身。这便是绝对者的处世之道。

狂接舆这般说道：

"如今这丧乱之世，仅仅是免于刑戮侮辱，对人们来说就已经是最好的生活。所谓幸福，不就是安然享受自我的生活吗？安然享受自我，要比捡拾起一根羽毛容易得多。然而世间之人却不懂得如何拾起这比鸿毛更加唾手可得的幸福。灾祸的痛苦如同大地一般沉重，折损人们的生命。但是世人却一味追名逐利，不知道如何才能从这比大地还要压抑的痛苦之中脱身。"

"已乎，已乎！临人以德"——住手吧，住手吧！不要再试图在这乱世虚扬德行、感化他人了！"殆乎，殆乎！画地而趋"——太危险了，太危险了！那狭隘的规范主义竟用线将无垠的土地区分开来，企图让人只在那线圈出来的区域里行走。

"迷阳，迷阳，无伤吾行"——若想要在现在这种不安之世中不受伤害，没有比装傻充愣更有效的了。晋代郭象将"迷阳"解为佯狂——装作疯癫之意。"吾行郤曲，无伤吾足"——"却曲"指后退、绕弯路。人生漫漫，若遇到障碍，横冲直撞是最不可取的。后退几步、绕一条远路，从而让自我不受伤害，才是最贤明的处世之道。

"山木自寇也；膏火自煎也……"——山中树木因秀美而

被砍伐，为自己找来祸害；灯油因火焰明亮才会引火上身，使自我化为灰烬。桂树因为树皮可食而被砍断，漆树因为树液能做涂料所以被割开。

唉，世间之人一心只知道有用之用，竟无一人懂得无用之用，实在是太可悲了。

对庄子来说，以当下的自我，活在当下才是人生最重要的意义。当下的自我本身便是绝对之物，绝非用来实现任何目的的手段。今时今日也是绝对的，并非是未来能够补偿、过去能够代替的。在庄子心中，如何以上天赐予的自我活在当下便是人生的全部，不会将现在置于历史的进步之中加以因果的分析，不允许在人类的理想面前将自我视如工具。与有用之用相比，庄子更加强调无用之用。他对孔子的理想主义表现出了强烈的批判态度，这也在情理之中。但是，在庄子对孔子的这一批判背后，有的是对所有理想主义者那令人痛惜的悲惨命运的同情，是为人与黑暗险峻的人类社会的无声恸哭。庄子在这同情与恸哭之中解读着孔子，解读着狂接舆。孔子与狂接舆——这两个对自我、对人生诚实以待的典型形象，时至今日，在现代社会中仍然可见。

德充符　第五

《人间世》中，庄子强调了无用之用——超越者的价值转换，而《德充符》则打破了世俗之人对形骸的执着，主张真正的德是超越于表象的，拥有至高的内在属性。

所谓德充符，即德行充溢的标志，也就是真正得道之人所拥有的某种符合自身至高内面性的外在形象。在庄子看来，得道意味着超越了世俗的价值观及相对的偏见，自我内部形成了绝对自由的世界。德行充沛之人应当有的形象，实际上是不受形象束缚，超越在形象之外的。庄子选择让那些在世俗看来丑陋无比的事物来论述道，解说其中的道理。他让这些身有缺陷的人谈论道，也是在嘲笑世俗之人拘泥于形象、攀附于外在的悲哀与愚蠢。这嘲讽之辞贯穿了整个《德充符》。

鲁有兀者王骀，从之游者与仲尼相若。常季问于仲尼曰："王骀，兀者也，从之游者与夫子中分鲁。立不教，坐不议。虚而往，实而归。固有不言之教，无形而心成者邪？是何人也？"仲尼曰："夫子，圣人也，丘也直后而未往耳！丘将以为师，而况不若丘者乎！奚假鲁国，丘将引天下而与从之。"常季曰："彼兀者也，而王先生，其与庸亦远矣。若然者，其用心也，独若之何？"仲尼曰："死生亦大矣，而不得与之变；虽天地覆坠，亦将不与之遗；审乎无假，而不与物迁，命物之化，而守其宗也。"

《德充符》的主要内容由四段问答形式的故事组成。王骀、申徒嘉、叔山无趾、哀骀它[1]分别是四段故事的主角，四人都身有残疾。此处率先登场的，是鲁国的兀者——曾因刑罚而被砍去脚的犯人——王骀。

王骀在孔子故国鲁国颇负盛名。出入他门下的弟子之多，与孔子相比也不显逊色。一日，孔门学生常季向孔子问道：

"那个名叫王骀的人，他有过前科，曾经还受刑被砍去了脚。可他门下弟子的数量却多到和您的学生一起把鲁国分成了两半儿。我曾因好奇偷偷观察过他，他并不站在讲坛上对门生侃侃而谈，也没有和弟子坐于一处互相辩论。但造访他之人，无一不是'虚而往，实而归'——就算是空手而来，离开时也一定会有所收获。如此看来，他确实有'不言之教'——在沉

1　哀骀它（生卒年不详），春秋时期卫国人，曾任鲁国大夫，相传以面貌丑陋著称。

168

默中教化了门下弟子，有着'无形而心成'——表面虽不可见，但却能使教化自然而然在人心中形成人格。这到底是怎样一个人啊，实在是太不可思议了。"

孔子听后，答曰：

"那是一位圣人。我只不过是错过了时机，至今未能拜访他罢了。日后我一定要尊他为师，接受他的教导。连我尚且如此，那些还不如我的人就更不用说了。不仅仅是鲁国，我甚至觉得应该让全世界的人都来一起接受他的教诲。"

"那个人可曾经是遭受切足之刑的犯人，若他比老师您都要优秀，那么其他普通人岂非是望尘莫及了？像他这样优秀的人，到底是如何对待内心的？他又有着怎样的心境？"

"生死固然是人生大事，但生死之变也不能让他动摇。哪怕是天地倒置，也不会使他跌落。他洞察人生与宇宙的真实之相，置身于一切流转变化之外，将一切变化视为自然，将自我放置于道之根本，一瞬也不曾离开。王骀便是将这般心境用于己身的人。"

文中"奚假"与"何但"相同（出自郭象之解）。"其与庸亦远矣"的"庸"同"众"，指远远比众人还要优秀。"无假"为毫无虚假，也就是"真"，因此"审乎无假"意为洞察实在的真相。"命物之化"说的是将一切万物的生成变化视作命，也就是天——自然。命与天含义相同。"守其宗"的"宗"为根源，守宗是指与一切相对事物之根源——道，也就是绝对的一，合为一体的境界。

弟子常季听了孔子的说明，仍觉得有一些困惑。于是他又问道：

　　常季曰："何谓也？"仲尼曰："自其异者视之，肝胆楚越也；自其同者视之，万物皆一也。夫若然者，且不知耳目之所宜，而游心乎德之和。物视其所一，而不见其所丧，视丧其足，犹遗土也。"常季曰："彼为己，以其知得其心，以其心得其常心。物何为最之哉？"仲尼曰："人莫鉴于流水而鉴于止水。唯止能止众止。受命于地，唯松柏独也在，冬夏青青；受命于天，唯舜独也正，在万物之首。幸能正生，以正众生。夫保始之征，不惧之实，勇士一人，雄入于九军。将求名而能自要者，而犹若是，而况官天地、府万物、直寓六骸、象耳目、一知之所知，而心未尝死者乎！彼且择日而登假，人则从是也。彼且何肯以物为事乎！"

"具体是指什么呢？能否请老师再指教一二？"

为了解决常季的困惑，孔子又做了进一步解释。

"从差异的立场看世间万物，则没有任何完全相同的事物。肝与胆被认为是最为类似的两种事物，可二者之间也有着像楚越两国之间那样巨大的不同。相反，若是从万物皆同的观点来思考，不论何物都没有任何不同，万物皆为一体。王骀那般的人物，超越了美丑好恶一类感觉判断，将内心与德行浑然相融。道之根源，万物一体，他游走其中，自万物齐同的视角看待事物，不被得失成败的差别所禁锢。失去一只脚在他心目中像舍弃一块土块一般罢了。"

"听了您的话，我理解了他处在一个极高的境界之中，连自己是兀者——受过切足之刑的人——这件事本身都忘却了。但是，即便如此，王骀也是一个将修养己身，即自我的解脱作为目标之人。他用自身的智慧参透自我内心的真理；再通过自我内心的真理，将绝对自由的境界作为自己的境界。如此说来，他是一个私人化的得道者。然而其他人却能够被他感化，有那么多的人纷纷来到他身边，这又是为什么呢？"

"确实，王骀可能是一个私人化的得道者。但是，没有人会用流动的水来照映自己的倒影，都是用平静清透的水面来充当镜子。只有静止之物，才能让一切追求静止的存在成为静止。

"树木种类繁多，但只有松与柏四季常青。受命于天而生于世间的人不计其数，而绝对正确的人也就只有那被称为圣人的舜了。只有这完全正确的舜（虽然他的正确性是'幸'，也就是彻底的偶然）用他自身的正确天性才能引导众多不正确的人归于正途。王骀周围之所以会聚集那么多人，也是这个道理。他拥有的出色德行，自然而然便能够让众人靠拢过来。

"王骀是一个伟大的超越者。那不对任何事物畏惧退缩的勇气，是顺应天道最为确凿的证据。就连战场上的勇者，为了追求军功，都能够单枪匹马冲进敌阵之中，更何况是睥睨天地、吞纳万物的王骀？他将形骸视为暂时居所，将耳目的感官当作一时的依托，将一切主观认识的相对性化作绝对的一，生活于永劫的生命之中，怎会称不上是无所畏惧的勇者？他对这人世间没有任何留恋，终有一日会在吉时羽化升仙。只有世间之人慕名向他请教，王骀自身则绝不会因为他人的毁誉褒贬而犹豫半分。"

我们在此处应该将目光集中在常季对孔子的提问上——"彼为己，以其知得其心，以其心得其常心。物何为最之哉。"

常季的这个问题，其实是在问如何才能使庄子思想中的个人主义观念拥有社会性。庄子思想的立足点本是彻底的个人主义，这一点有时会表现为极端的独善主义、利己主义。但是庄子认为这种个人主义也拥有社会性。庄子思想中的绝对者不"以物为事"，也就是超越了一切对他物的关心，纯粹生活在自我的绝对性之中。这种绝对性则通过"不言之教"的形式起到一种感化作用。庄子口中的绝对者指的就是解脱者，绝对者的解脱是所有追求解脱之人的典范。人们聚在绝对者周围，使绝对者拥有社会性。庄子用"唯止能止众止""正生，以正众生"

等内容佐证了这一观点。只有解脱者才能让渴望解脱之人成为解脱者。在这里，我们可以试着联系马克斯·韦伯[1]的模范型宗教理论（die exemplarische Religion）来思考庄子思想中的宗教色彩。庄子思想虽是彻底的个人主义，但并非是单纯的利己主义，而是在消极的教化中包含着某种社会性的设想。

文中的"耳目之所宜"指的是听到便觉得悦耳、看到便觉得悦目，泛指所有以感官为媒介的价值判断。"不知"则说的是不被这种感觉判断所束缚。"最"同"撮"，意为积累。"夫保始之征，不惧之实"是难解之处，"征"有征验、证据之意。直译此句，则为"立于道之根源的最为确凿的证据，唯有不畏惧任何事物这一事实"，也就是说，在与道之根源合为一体的境界之中，是不会对任何事物感到恐惧的。"官天地、府万物、直寓六骸、象耳目"中，"官"意为治理或支配，"府"为包容或收藏之意，"象"则指单纯作为形而存在之意。六骸包括身、首、双手、双脚，与形骸相同。整句意为，超越一切有形之物，立于宇宙性的精神之上。

"登假"同登遐，指登上遥远天际。也有注释将"遐"释为"格"，取"治、到"之意。"人则从是也"意为，别人主动倾慕他的德行，自发地聚集在他门下，而并非是他故意设计别

---

1 马克斯·韦伯（Max Weber，1864—1920），德国著名社会学家、哲学家、思想家。

人聚来此处的。

　　申徒嘉，兀者也，而与郑子产同师于伯昏无人。子产谓申徒嘉曰："我先出则子止，子先出则我止。"其明日，又与合堂同席而坐。子产谓申徒嘉曰："我先出则子止，子先出则我止。今我将出，子可以止乎？其未邪？且子见执政而不违，子齐执政乎？"申徒嘉曰："先生之门固有执政焉如此哉？子而说子之执政而后人者也。闻之曰：'鉴明则尘垢不止，止则不明也。久与贤人处则无过。'今子之所取大者，先生也，而犹出言若是，不亦过乎！"子产曰："子既若是矣，犹与尧争善。计子之德，不足以自反邪？"申徒嘉曰："自状其过以不当亡者众；不状其过以不当存者寡。知不可奈何而安之若命，唯有德者能之。游于羿之彀中。中央者，中地也；然而不中者，命也。人以其全足笑吾不全足者，众矣，我怫然而怒，而适先生之所，则废然而反。不知先生之洗我以善邪？吾与夫子游十九年矣，而未尝知吾兀者也。今子与我游于形骸之内，而子索我于形骸之外，不亦过乎！"子产蹴然改容更貌曰："子无乃称！"

　　庄子提笔便将受了切足之刑的王骀写为庄子式的绝对者，让孔子对他赞美有加。在揶揄了时下圣贤之后，庄子又将郑国名相子产立在了舞台上。在庄子的生花妙笔之下，子产只能任他宰割，最终在申徒嘉——一个同样受过切足之刑的有前科的人——面前平身低头。

子产于公元前 522 年去世，先于孔子约 50 年，是春秋时期郑国的哲人、政治家。据记载，孔子年轻时曾与他往来（《史记·郑世家》)，《论语》中也多次出现孔子对其为人及其政治手腕的称赞。庄子将他写成了伯昏无人之徒、申徒嘉的同门，然而从孔子与兀者王骀本无任何交集这点亦可看出，此言恐怕与事实不符。伯昏无人也被认为是寓言中的虚构人物。另外，伯昏无人也以列子之师的身份，出现在《庄子·外篇·田子方》与《庄子·杂篇·列御寇》所援引的对答之中。

从前有一兀者名为申徒嘉。他与郑国的子产一同拜入了伯昏无人门下。然而，当时子产已在郑国位居高位，以与申徒嘉这种有前科之人同席为耻，于是便对申徒嘉说道：

"若是我先到外面去的话，你便不要出来。如果你先离开，那我便留在这里。"

到了第二天，这位有前科的人若无其事地依旧与子产同席而坐。子产忍无可忍，便向他重申：

"若是我先出去，你便不要出来。如果你先出去，那我便留在这里。"

随后还强调说：

"我这就要出去了，你是留在这里，还是不留？你实在是太厚颜无耻了，竟然在执掌一国朝政者面前都不知道收敛。还是说你以为自己能与执政者比肩？"

申徒嘉闻言答曰：

"在老师门下，执掌政事一类的世俗权位真有如此重要？你仗着自己身居高位，视他人如草芥。不知你听没听过这样一句话？'镜子若是明亮，灰尘就不会落在上面；若灰尘落于镜面，那么镜子也就不会明亮。长久地与贤人同处一处，便不会犯错。'现在你在老师身边追求德行的精进，竟然还能说出这种话来，实在是错得离谱。"

子产也未因此落了下风：

"你说什么，你区区一个被砍了脚的有前科之人，难不成还妄图与尧那样的伟大圣人比德行？你丝毫不知掂量自己的斤两，看不到自己渺小卑微之态，竟然连这种自省的能力都没有。"

"这世上因为自己做了错事而被处以切足之刑，事后拼命为自己辩解，认为有所不公之人不在少数。然而，像我这样认为既然自己做了恶事，便理当被砍脚而毫不辩解的人，却没有那么多。这也是命。人在命运面前是无能为力的，只有有德者才能在顿悟后做到安于这命数，顺其自然。我再多举几个例子。

"羿是古时候一个擅长射箭之人。若是有人在他的射程之内，而且是在正中央的话，那么这人不被羿射中的几率不及万分之一。即便如此，要是仍有人没被他射中，那必是偶然——也就是命。打个比方的话，现实中人们的生活难道不也是如同在羿的彀中（箭的射程内）游走一样？有太多的人只因为自己幸运地没有遭受到切足之刑，便去嘲笑那些被砍了脚的人。每当我遇到这种人，都感到十分生气。等到我的怒火积攒到了无法抑制的地步时，我便要去老师那里。可一看到老师，这愤怒便消失得一干二净了。不知是不是老师用他的德行洗去了我心中的污垢呢？自我拜入老师门下已经过了十九年，这十九年里，我跟随在老师身边，从未意识到自己只有一只脚。现下，你与我本应也是在超越形骸的世界中交谈，而你却依旧站在被外在束缚的立场上看待我，实在是大错特错。"

子产被申徒嘉如此指斥之后，心中惶然，一改以往的傲慢姿态：

"是我错了。你别再说了。"

——在申徒嘉面前低下了头。

无须赘言，在这则故事中，子产象征着世俗价值——荣与贵，申徒嘉则代表了世俗中的没有价值——贱与辱。庄子将这二人置于超越者——伯昏无人——面前，证实了在真正德行充溢之人面前，贵贱之分被遗忘，美丑皆被包容，万物尽在他的胸怀之中逍遥而游。"我怫然而怒，而适先生之所，则废然

而反"以及"吾与夫子游十九年，而未尝知吾兀者也"两句，
三言两语便让解脱者的形象跃然纸上：庄子心中的超越者，亦
是能够拯救并解放这世上所有受伤之人、受虐之人、丑陋之
人、卑贱之人的"福音"（出自晋代郭象在评论庄子思想时所
用之辞）。

　　子产的台词之中，"子可以止乎？其未邪？"的"其未邪"
是"其未可以止邪"的省略形式，此处是在前文疑问句的基础
上做的进一步强调。"子而说子之执政而后人者也"中"说"
同"悦"，"说"前的"而"字则解为"乃"。申徒嘉在结尾处
的言论之中，"不知先生之洗我以善邪"是一难句。其他校本
（北宋张君房[1]本）称此句后另有"吾之自寐邪"五字。将这五
字补全，这句可理解为"是老师用他的德洗净了我的心灵，还
是我自己顿悟到了道理，不得而知"，句意便十分明了了。此
外，晋朝郭象的注解使用的文本中也有这五字。"今子与我游
于形骸之内，而子索我于形骸之外"一句可参照前人（清王
懋竑[2]）之论，按照"游于形骸之外……索我于形骸之内"的
形式，解读时将内与外调换位置。《大宗师》中将得道者称为
"外其形骸"，更有"方之内""方之外"的写法，可作为参考。
结尾处的"蹴然"是庄子常用的形容词，指谨慎小心之态，或

1　张君房（生卒年不详），宋道藏的总修校人。
2　王懋竑（1668—1741），清代学者，著有《读经记疑》等。

178

心中惶然之态。"子无乃称"的"乃"同"仍"（中国现代学者马叙伦之解），有"继续、更多"之意。

鲁有兀者叔山无趾，踵见仲尼。仲尼曰："子不谨前，既犯患若是矣。虽今来，何及矣！"无趾曰："吾唯不知务而轻用吾身，吾是以亡足。今吾来也，犹有尊足者存，吾是以务全之也。夫天无不覆，地无不载，吾以夫子为天地，安知夫子之犹若是也！"孔子曰："丘则陋矣！夫子胡不入乎？请讲以所闻。"无趾出。孔子曰："弟子勉之！夫无趾，兀者也，犹务学以复补前行之恶，而况全德之人乎！"无趾语老聃曰："孔丘之于至人，其未邪？彼何宾宾以学子为？彼且以蕲以諔诡幻怪之名闻，不知至人之以是为己桎梏邪？"老聃曰："胡不直使彼以死生为一条，以可不可为一贯者，解其桎梏，其可乎？"无趾曰："天刑之，安可解！"

第三段故事。主人公是鲁国人，曾经因刑罚而被砍去了脚趾，名为叔山无趾。配角则有孔子和老子。在这段故事里，孔子的学问文化主义与礼教主义将人们的真实歪曲成伪善与虚荣，是从外部束缚着人们的桎梏，从而受到了强烈的抨击。最后无趾以"天刑之"三字批判孔子，这与《人间世》的结尾处写到的一样，更是庄子对所有理想主义者宿命中的悲剧性发出的呢喃般的怜悯与悲叹。

叔山无趾是受过切足之刑的鲁国人。一日，他拖着不便的腿脚，蹒跚着来到了孔子的住处（"踵"同至）。

孔子："你以前未能慎行，最终犯了罪，才落得如此狼狈。事以至今，你就算来敲我的门，也是于事无补。"

无趾："我只不过是未能通晓世事，做了草率之举，然后被砍了脚。但是，我今日前来，是因为我认为除了脚趾，我尚留有更加重要的东西。我不愿失去这比脚趾更加重要的事物。芸芸众生无一不被天覆盖，万物生灵悉数被大地承载，我之前还以为，夫子你是拥有天地一般广大德行的人呢。万万没想到你竟然如此小肚鸡肠。"

孔子遭到无趾这样一番责难，心中顿感羞耻，立刻换了一种态度，郑重说道：

"原来如此，是孔丘太肤浅了。快请进，随后我便向你讲授我的毕生所学。"

但无趾当即告辞，离开了孔子的住处。孔子望着无趾离去的背影对身后的弟子说：

"努力吧。那位无趾是单足的有前科之人，连他都能够这般勤学以求弥补曾经的过错，更何况是我们这种五体健全之人？"

"丘则陋矣！夫子胡不入乎"另有一种句读，作"丘则陋矣夫。子胡不入乎"。相比之下，孔子遭到无趾反击后立刻毕恭毕敬，尊称无趾为"夫子"的读法则更加富有趣味。

"夫无趾，兀者也，犹务学以复补前行之恶，而况全德之人乎"——孔子在庄子的刻意之下，将无趾对那超越形骸之境界的思慕等同于勤奋治学，将弟子五体健全而反映出的完整性称为全德。字字都能感受到庄子对儒家的学问主义（知性主义[1]）、形式主义（礼貌主义）的揶揄与讽刺。

接下来，转身离开孔子住所的无趾，再一次拖着残疾的腿脚蹒跚而行。这次，他敲响的是老聃家的大门，随即说道：

"那个叫作孔丘的人，和真正的绝对者之间还离着十万八千里呢，就是个凡夫俗子。他还装模作样地向你请教学问，所图为何？是为了求得好的风评，让世人觉得他是大智之人吗？世间的评价这种东西，对绝对者来说只是束缚自己生命自由的镣铐。他这种俗人哪里能懂得这种道理。"

老聃说："真是让人拿他没辙。对他这种人来说，只能让那些领悟了万物齐同之哲理的人，也就是将生死之变视为等同，将可与不可视为一体的人，让那些人来帮他从束缚中解脱出来了。除此之外，他是无法让自己顿悟了。"

无趾："他可没戏。他的那种世俗性是宿命里带的，凭人

1　知性主义，指重视知性、理性能力的哲学倾向，与理性主义相近，知性主义更强调知识的获得。

为之力可是无法撼动的。"

在这段无趾与老聃的对话之中，无趾所说的"彼何宾宾以学子为"，应是基于庄子时期世间普遍流传着的"孔子问礼于老子"的传言而写的。孔子向老子请教礼学一说，在秦汉时期的文献中十分多见，司马迁所著的孔子传记（《史记·孔子世家》）也不例外。"以死生为一条，以可不可为一贯者"一句，显而易见是源于《齐物论》的观点，也就是认为只要站在万物齐同的立场，在一切差别与对立的根源之处超越差别与对立，那么一切世俗的价值评价、毁誉褒贬都不再是问题。"至人之以是为己桎梏邪"则说明的是《逍遥游》中"圣人无名"的道理。也就是说《德充符》中的这一句话，通过老聃与无趾的对答，给逍遥齐物两篇的思想添加了故事化的色彩。

鲁哀公问于仲尼曰："卫有恶人焉，曰哀骀它。丈夫与之处者，思而不能去也；妇人见之，请于父母曰'与为人妻，宁为夫子妾'者，十数而未止也。未尝有闻其唱者也，常和人而已矣。无君人之位以济乎人之死，无聚禄以望人之腹，又以恶骇天下，和而不唱，知不出乎四域，且而雌雄合乎前，是必有异乎人者也。寡人召而观之，果以恶骇天下。与寡人处，不至以月数，而寡人有意乎其为人也；不至乎期年，而寡人信之。国无宰，

寡人传国焉。闷然而后应，泛而若辞。寡人丑乎，卒授
之国。无几何也，去寡人而行。寡人恤焉若有亡也，若
无与乐是国也。是何人者也！"

第四则故事的主角是哀骀它，一个普天之下无人能及的丑
男。庄子事先将王骀、申徒嘉、叔山无趾这三位受过切足之刑
的有前科之人，塑造成为德行充沛的超越者，阐述了真正的德
是超越了形骸而逍遥在世间的道理。随后，他便将注意力转向
了四肢虽健全，但却拥有世间最为丑陋相貌的哀骀它，将此人
设定为颇受爱戴的有道者，从而借由鲁哀公与孔子的对话来赞
美哀骀它的德行。显而易见的是，故事中鲁哀公象征着现实世
界中的政治权力，孔子代表了世俗世界中的道德价值。这段对
话以哀公向孔子的发问开始。

有一次，鲁哀公向孔子如是问道：

"卫国有一个举世罕见的丑陋男子，名叫哀骀它，很多人
都说他是有德之人。人们的敬仰之心无不指向他那优秀的品
格。男人在他身边生活，眷恋他的品德而离不开他；女人见到
了他，会被他的品格迷住，已经有十多个女子向他求亲，觉得
与其嫁给其他男人做正妻，不如嫁给这个人做小妾。不过哀骀
它并没有因自己的伟大而自鸣得意，未曾试图领导他人。他总
是迎合旁人的意愿，从不做博人眼球的举动。他也不是握有生
杀予夺之权的掌权者，甚至没有能够满足百姓物质需求的丰厚

财力。更不要说他的面相了，丑陋到让人不敢再看第二眼。若说他是一个先人后己的博识之人吧，可他的才识却十分短浅，至多只是知晓一国之事罢了。也就是说，权力、财力、美貌、才智，他一个都没有，按照世俗来说，这就叫百无一用。然而令人意外的是，他那崇高德行的感召力，不仅是人，连自然界的鸟兽都能受到他的感化，无论雌雄，都能毫无拘束地在他面前嬉戏。

我认为这必然是因为他与世间之人有着某种不同，所以就试着将他找来，仔仔细细地观察了一番，结果他的尊颜真的是举世无双。他那种丑，是能够震惊世间所有人的极致之丑。而神奇的是，与他一同生活不过数月，我便开始从他的人格之中感受到莫名的魅力；将近一年时，我已完全信任于他了。那段时间恰逢鲁国无人掌管大权，我便想将国政委任给他，而他却兴致缺缺，顾左右而言他，并不愿接受。我看着他那无欲恬淡的神情，不禁感到了一丝羞愧，但最终还是一咬牙，将政事全权交给了他。可没过多久他就弃我而去，不见踪影了。在那之后，我就如同失去了某种珍贵之物一般，怅然若失，整日心神不宁。再这般下去，恐怕是再也找不到任何能够和我一同享受鲁国富贵的人了。那个拥有着神奇魅力的哀骀它，究竟是一位怎样的人物？"哀公如是说着，希望孔子能予以解答。

文中的"无君人之位以济乎人之死"就是"无济乎人之

死之君人之位"，指并非身居足以拯救人民于死难的政治高位。"无聚禄以望人之腹"同理。"望"为满。"知不出乎四域"指的是知识面狭窄到超不出四周的国境线。"雌雄合乎前"指他有着伟大的亲和力，以至于在他面前动物们毫不惊慌恐惧。结尾处的"泛而若辞"与前句"闷然而后应"应成对来看。闷然指不清不楚之态，氾然则指心无执念的状态。

仲尼曰："丘也尝使于楚矣，适见独子食于其死母者。少焉眴若，皆弃之而走。不见己焉尔，不得类焉尔。所爱其母者，非爱其形也，爱使其形者也。战而死者，其人之葬也，不以翣资；刖者之屦，无为爱之。皆无其本矣。为天子之诸御：不爪翦，不穿耳；取妻者止于外，不得复使。形全犹足以为尔，而况全德之人乎！今哀骀它未言而信，无功而亲，使人授己国，唯恐其不受也，是必才全而德不形者也。"

孔子并未直接回答哀公的疑问，而是以几则比喻来铺垫。

"我曾经作为使者出使楚国，"孔子答道，"途中我看到一窝小猪依偎在死去的母猪身边喝奶。没过多久，它们突然惊慌起来，舍弃母猪，四处逃走了。这是为何？"孔子向哀公提问，随即自答起来："那是因为母猪已经不能再像活着时那样给予孩子们温暖的照料了，因为死者与生者所处的是两方完全不同的世界。也就是说，小猪依恋母猪，依恋的并不是母猪的外形，而是支配着外形的事物——母亲的本质。我再多举几个例子吧。

"战死沙场之人，他的葬礼不会用到翣[1]，一种用来表彰战绩的饰物。遭受过切足之刑的人则不甚在乎鞋履。理由很简单，于前者来说，他没有值得使用翣的军功；而后者，则没有需要穿鞋的脚掌。重要的并不是事物的外形，而是本质。所谓绝对者，便是超越了外形而着眼于本质之人。

"同样，被选入宫中的女子为了不使身体受伤，便不剃鬓发，不穿耳孔。只有那些刚刚娶了妻的人，才能因为妻子年轻而被允许宿于职务场所以外的地方，不会被安排夜班一类的工作。连这种年轻美貌之人尚且如此，更何况那些德行充溢的人？必定是会被周围之人爱惜倾慕的。"

孔子回答哀公时，先铺垫了数则比喻，然后才将话题转回正题。"哀骀它此人，"孔子随后说道，"不言一语便取得了众人的信赖，无甚功绩却被亲近重用。能够让一国之君将手中大权让出，且因他的拒绝而心烦意乱，这个人必然是个'才全者'——拥有全整才智之人，更是一个'德不形者'——内在充溢着德行却深深隐藏在形骸深处之人。一言以蔽之，他就是

1　翣，古代棺饰物，以羽毛制成，垂于棺两侧。

个'才全、德不形'的人。"孔子如是回答了哀公的疑问。

　　文中"豘子"的"豘"同"豚"。"眴若"同眴然，指惊讶得不停眨眼之态。"不得其类"说的是属性不同，或是种类不同，此处指生者与死者所处的世界不同。"不爪翦"一般被理解为不剪指甲，但本书此处参照马叙伦的主张，将"翦"解为鬋，将"爪"解为搔，意为修剪（搔）鬓毛（鬋）。"爪鬋"或"搔鬋"在《礼记》及《淮南子》等古籍中均有实际用例。"穿耳"指在耳朵上穿洞以佩戴耳环。"取妻者止于外，不得复使"中的"不得复使"有诸多解法，晋代崔撰本有"不得复使入"的写法，因此可解读为在工作中不会被安排夜勤之意。《礼记·礼运》载曰，新婚者一年之内免除夜间勤务，可作参考。

　　哀公曰："何谓才全？"仲尼曰："死生、存亡、穷达、贫富、贤与不肖、毁誉、饥渴、寒暑，是事之变、命之行也。日夜相代乎前，而知不能规乎其始者也。故不足以滑和，不可入于灵府。使之和豫，通而不失于兑。使日夜无郤，而与物为春，是接而生时乎心者也。是之谓才全。"

　　孔子评价哀骀它是才全、德不形之人，哀公听罢，反问道：

　　"才全、德不形，这种说法着实难懂，你再解释解释。首先，什么叫作才全？"

孔子答道：

"人之境遇千变万化，或生或死，或存或亡；看似就要被逆境击倒，结果发现是顺境一场；眼看着在贫穷中挣扎翻滚，下一刻却收到丰厚的金钱财产；或是贤明，或是愚钝；或是遭世人唾弃，或是为世人敬仰；以为是饥肠辘辘，实则是口干舌燥；以为是因寒冷瑟瑟发抖，实则是因酷暑胸闷气喘。这皆是'事之变、命之行'——万象永恒的变化、命运流转的真相。而这万象的永恒变化、命运的流转之相则日日夜夜在我们眼前明灭交替，永无停息，常人的认知能力并不能领悟到这其中的根本缘由。但绝对者超越了形象概念，与流动变化着的实在融为了一体。因此这些万象的变化流转并不能动摇他心中的安宁——和。因此，他的精神不为任何事物束缚，充满了生的喜悦。他恒常与一切万物交融，在自己的心中不断创造着那生成流转的时间世界。这便是绝对者，而绝对者的这种状态便是'才全'——完整的智慧。"

文中"日夜相代乎前，而知不能规乎其始者也"与《齐物论》中的"日夜相代乎前而莫知其所萌"为相同表达。"灵府"指心，"不可入于灵府"意为无法扰乱内心。"之和豫"的"之"为代词，指代上文自生死存亡至饥渴寒暑间关于人类存在的一切变化流转的内容。"郤"同"隙"。"与物为春"四字体现了绝对者大彻大悟的境界，成为了沿用至今的成语。

> "何谓德不形？"曰："平者，水停之盛也。其可以为
> 法也，内保之而外不荡也。德者，成和之修也。德不形
> 者，物不能离也。"

"那么，'德不形'又为何意？"哀公继而又问，孔子
答曰：

"平面中最理想的一种是静止的水平面。它可以作为任何
高度的测量基准，因为静止的水自内部深处便充实饱满，且从
外部看去没有任何涟漪。同理，人的德行也是让自我之心修得
'成和'，也就是彻底平静的状态后达到的境界。所谓'德不
形'，便是这种内部充盈的精神所拥有的平静与安宁。而德不
形者，也就是内心处于完全平静境界之人。水平面可为一切平
面的基准，德不形者也可以成为世间万物的模范。因此，所有
人都倾慕他的德行，不舍得离开他周围。"

"平者，水停之盛也"是"停水者，平之盛也"倒装后的
表达，指静止的水平面，是所有平面之中最理想的平面。"德
者，成和之修也"也为倒装句，若还原过来，则应该是"德
者，修成和也"。

哀公异日以告闵子曰："始也，吾以南面而君天下，

执民之纪而忧其死，吾自以为至通矣。今吾闻至人之言，恐吾无其实，轻用吾身而亡吾国。吾与孔丘非君臣也，德友而已矣！"

于是，哀公向孔子请教了哀骀它——庄子式的绝对者——的伟大才智与德行后，一日，他遇到了孔子门生闵子骞[1]并说了这样一段话：

"一直以来，我都以为至高的道德便是成为掌权者而君临天下，手握统治百姓的大权，自死亡之中将百姓解救出来。但是现在，我听了尊师孔子关于绝对者的解说才领悟到，我所谓的君主不过是虚名罢了，根本不是德。我这个毫无价值的人就算自命不凡地做些什么，最终也只会亡国罢了，真令人后怕。不过，我之所以能够意识到绝对者的伟大以及自身的无力，都多亏了孔子。对我来说，与孔子之间已经超越了君臣，成为了以德相交的朋友。"

闵子骞与颜渊一样，是孔门数一数二的有德之人。《论语》中对其德行赞美有加（《先进》），如孔子以"孝哉，闵子骞"（同上）称赞他的诚实品德；还有"夫人不言，言必有中"（同上），是对他的沉稳发出的感叹。庄子让哀公在闵子骞面前称孔子为

1　闵子骞（公元前536—前487），名闵损，字子骞，尊称闵子，德行与颜回并称，孔门七十二贤之一。

190

德友，显然是在强调道德价值在世俗权力面前的优先性。不仅如此，他还进一步让孔子赞扬了哀骀它的伟大，我们从中轻易便能品出庄子对孔子主张的道德发出的大胆揶揄与挑战。

对于自己界定的绝对者，庄子明面上让孔子说出"才全德不形者"的评价，暗地里将孔子认为的有德者视为"才不全德形者"，这是对儒家道德主义的形式性与世俗性发出的谴责。所以庄子才把无人能及的丑男哀骀它刻画为庄子式的绝对者，在称赞他那德行充溢的伟大内在的同时，尖锐地讽刺了被形骸束缚、拘泥于世俗价值的儒家礼教主义。当然，我们还应在此处看到庄子对常识之美与单调美感的排斥与背后的反俗精神；以及庄子在常识中的怪异之物、丑陋之物之中创造全新之美的积极意愿。

近代绘画打破了朴素的写实主义[1]，通过视觉远近法展现出怪诞的夸张，对物体的合理关系进行不合理的调换以显现出事物隐藏的本质。这种用来创造全新之美的手法，在《庄子》中同样有迹可循。庄子与超现实主义[2]的巨匠们一同，向着人类的惰性感知与理智发出挑战，与平庸世俗的写实主义针锋相对。

1　写实主义，又称现实主义，起源于法国，主张细密观察事物的外表。
2　超现实主义（surrealism），现代西方艺术流派，主要关注人类潜在的意识及心理。

闉跂支离无脤说卫灵公，灵公说之，而视全人：其脰肩肩。甕盎大瘿说齐桓公，桓公说之，而视全人：其脰肩肩。故德有所长而形有所忘。人不忘其所忘而忘其所不忘，此谓诚忘。故圣人有所游，而知为孽，约为胶，德为接，工为商。圣人不谋，恶用知？不斫，恶用胶？无丧，恶用德？不货，恶用商？四者，天鬻也。天鬻也者，天食也。既受食于天，又恶用人！有人之形，无人之情。有人之形，故群于人；无人之情，故是非不得于身。眇乎小哉，所以属于人也；謷乎大哉，独成其天。

至此，庄子列举四则分别以王骀、申徒嘉、叔山无趾、哀骀它四位残障之人为主角的故事，借以说明德行充溢的超越者的姿态。最后，他将笔墨集中在世间怪诞之最——闉跂支离无脤与甕盎大瘿的故事，得出庄子式的绝对者便是在超越形骸、舍弃世俗偏见的万物齐同之境里逍遥享受自己原本的自由之人这一结论。

闉跂支离无脤是一个跛足、驼背、唇裂之人，甕盎大瘿则是脖颈处长有一颗如陶罐一般大小的肉瘤之人。有一次闉跂支离无脤向卫灵公讲道说法，灵公自他的人格中感到了无尽魅力。那之后，灵公皆以闉跂支离无脤的相貌来观察世人，他发现这些五体健全之人笔直纤细的脖颈反而过于枯瘦，十分丑陋。

甕盎大瘿向齐桓公讲解天道，桓公听了甕盎大瘿之言，也认为他的人格十分有魅力，在那之后晋桓公再看那些四肢健全的世人，不禁觉得那些光滑细致的脖颈反而很是怪异。

庄子将这两件事——多半都出自他的虚构——引为例证，为《德充符》全篇定下了结论。

——上述几人的故事足以说明，在自我内部拥有出色德行之人，必定会将形体的美丑与完整与否抛诸脑后。而世俗之人"不忘其所忘而忘其所不忘"——拘泥在那被超越者遗忘的形骸之界，对于超越者铭刻于心的内在之德则不闻不问，这是真的忘却——无药可救的自我遗忘。所以圣人才能在忘却了形骸的万物齐同之界中，逍遥享受着不可忘的自由。他生活在不受自身外在限制的自由之中，所以才将一切偏见的根源，也就是主观区分看作"蘖"——生命的过剩分泌；将束缚人们康健生命的世俗规范看作"胶"——刻意强制；将常识中的道德价值视为"接"——妥协的掩饰；将一切技艺技巧视为"商"——将自我出卖给俗世的手段。而圣人"不谋"，就是将一切托付给自然的流转而不多加考虑，因此不需要使用知；圣人"不斫"，就是作为原本的自己而活，不加以任何人为的雕琢，所以不需要使用胶来粘补；圣人"无丧"，不丧失本来的自己，所以也不需要随之而来的道德价值；圣人"不货"，不将自己当成世间的货物，所以不需要用技艺技巧将自己加工为商品。这"不谋""不斫""无丧""不货"四条被称为"天鬻",即天之鬻。
所谓天之鬻,就是由天,即绝对世界赐予的生命之粮。既然已
经从绝对世界之中收下了这生命之粮,享受着充溢的生活,那
么就不会再对世俗世界有任何需求了。所以圣人"有人之形;
无人之情"——将形骸置于世俗世界,却超越了人类的所有感
情。正是因为他将形骸置于世俗世界,他也就生活在世俗之
中,不逃避世人;正是因为他超越了所有世俗情感,便不会
被是非好恶的价值偏见束缚。作为一个从属于世俗世界徒有
形骸的人,他是可有可无的渺小之物。但他独自在宇宙中漫
步,不受任何事物限制而"成其天"——成为自己本来身处之
地本身。从这一点来看,"謷乎大哉"——他是一个无限大的
宇宙性存在。

　　惠子谓庄子曰:"人故无情乎?"庄子曰:"然。"惠
子曰:"人而无情,何以谓之人?"庄子曰:"道与之貌,
天与之形,恶得不谓之人?"惠子曰:"既谓之人,恶得
无情?"庄子曰:"是非吾所谓情也。吾所谓无情者,言
人之不以好恶内伤其身,常因自然而不益生也。"惠子曰:
"不益生,何以有其身?"庄子曰:"道与之貌,天与之形,
无以好恶内伤其身。今子外乎子之神,劳乎子之精,倚树
而吟,据槁梧而瞑。天选子之形,子以坚白鸣。"

在描绘了德行充溢、身有残疾的超越者之后，庄子得出了圣人——庄子式的绝对者——是"有人之形无人之情"的解脱者这一结论。在《德充符》的最后，则是附加了一段庄子与惠子之间对该结论的辩论，收束全篇。

一日，庄子的至交、辩论对手惠子，对庄子的思想进行了辩驳。

惠子："你得出了圣人'有人之形无人之情'的结论，但圣人真的从一开始便无情吗？"

庄子："是的。"

"圣人也是人，人之所以为人，是因为拥有喜怒哀乐等感情。换句话说，情是人类这一概念的实体，若是否定这概念实体，连带着人类这概念本身也会遭到否定。就如同不卖鱼的鲜鱼店不能被称为鲜鱼店一样，无情之人也无法被称为人。"

"人类自宇宙理法之中获得了人类的相貌，从自然道理中得到了人类的外形。既然已经被赋予了人类的形貌，作为人出生在世间，又怎会无法被称为人？"

"用来判断是人与否的概念一旦形成，其中必然包含着概念的实体。既然人类概念的实体是情，那么无情之人岂非荒谬？"

"你的逻辑太形式主义了。存不存在作为概念实体的情这类问题，不是我所关注的。我之所以说'圣人无情'，并不是指情感本身不存在，而是不被情感束缚，也就是不会因喜怒、哀乐、好恶、是非而被搅乱心神，伤害自我，永远将自己寄托给自然道理，不用主观区分来影响生命的自然生长。"

"但是，单纯依靠自然，不对生命施以任何人为助力的话，岂非也不可能有你所谓的自我之生的保全了吗？"

"你真是不可理喻。宇宙理法赋予人类容貌，自然道理赐予人类身形，既然已经生而为人，不被好恶是非之情的波动而伤害到自我的'自然'，从而安逸地度过这一生才是人生的全部。我根本无法理解你的自作聪明——你从外部打乱自己内部的纯粹之心，让本该安逸的精神在贪欲与狂躁的泥潭中喘息，让疲惫的人生倚靠着树干呻吟，手托腮帮坐于桌前空虚地冥想让人逐渐憔悴。你的这种自以为是实在是太愚蠢、太令人同情了。天地自然的理法明明已经将你生成了人，你却还在那里嚷嚷着那愚昧无比、麻烦透顶的诡辩逻辑。呜呼！"

"吟"为呻吟之吟。"槁梧"指以干枯的梧木做成的桌子（唐成玄英注）。"坚白"是《齐物论》的解说中提到的坚白异同之论（本书第58页）。因惠施时常进行这种诡辩，故庄子以"以坚白鸣"来讽刺他。

除此之外，辩论中庄子与惠子关注的"圣人有没有情"这一论题，到了魏晋时期，借由当时清谈（一种对话形式的哲学讨论）的盛行，再度成为了热门话题。下面就将其中代表性的讨论——王弼与何晏[1]两人辩论的主要内容附在最后，以作参考。

何晏："圣人有超绝的人格，他本来是没有凡俗之人那些喜怒哀乐的感情的。"

王弼："不，我反对。圣人从本质上说与凡俗之人并无区别。圣人也有喜怒哀乐之情。只不过他拥有凡人所不具备的出色的精神力量，因而他能用这杰出的精神力量来面对外界，不让自己的心被喜怒哀乐之情扰乱而已。"（《三国志·卷二十八》注引《王弼传》[2]）

无须赘言，这二人关于"圣人无情"的辩论之中，继承了庄子真意的一方自然是王弼无疑。

大宗师　第六

　　大宗师，意为最值得尊崇的老师，即指"道"。上文已多次介绍过庄子的道——以宇宙实在为具体表现的自然。尊道为师，意味着追随自然，与宇宙实在化为一体，从而便能实现毫无拘束、真正自由的生活。庄子将这些以道为师、过着真正自由生活的人称为真人。《大宗师》便是为赞美真人，昭显其至大之德而作的。

　　　知天之所为，知人之所为者，至矣！知天之所为者，天而生也；知人之所为者，以其知之所知，以养其知之所不知，终其天年而不中道夭者，是知之盛也。虽然，有患：夫知有所待而后当，其所待者特未定也。庸讵知吾所谓天之非人乎？所谓人之非天乎？且有真人而后有真知。

　　世间有一被称为智者的人。他用他那绝顶的智慧归纳天命，总结理法；解析人之行为，细数其中法则。他洞悉一切关于宇宙及人类的普遍理法。像他这般的智者，的确称得上

198

是"至矣"——立于人类智慧的巅峰。他用理法解析宇宙的神秘，用理法来规范自己的生活；他用法则归纳人们的行为；他用既得的知识为未知之事判定因果，以规避无妄之灾，尽享天寿，度过了安逸的一生。这种生活态度，无疑是他杰出智慧的果实，可以说是人类智慧的辉煌胜利。

而庄子却不以为然。他认为，这种知性主义有一个根本性的弱点——人之知，必须拥有明确对象才有可能做出正确判断。而这对象必然是处于永恒生成变化中的实在之本身，绝无可能一成不变。因此，人的认识与实在之间必然横亘着难以超越的距离，无论人做出如何周全的判断，都不可能拥有绝对性。这就是人之知所内含的根本弱点。

虽极为简短，但庄子在文中仍尝试着对人类之知——认识能力——进行了批判。它显然并不具备康德的认识批判那般细致的逻辑，但这一被康德视为重中之重的问题，早在两千年前便已然被庄子意识到了。

庄子主张，知就是"其知之所知，以养其知之所不知"，是为了对对象世界进行因果上的统一把握而做出的努力。人类试图在这种因果上的统一把握之中构建自身的幸福，并且人们也的确在这样的努力之中创造出了为数不少的佳绩。庄子并不否认这一点，但他仍然对人知的极限及其相对性进行了敏锐的反思。他意识到了那道绵延于人类认识与实在之间的无法逾越的鸿沟。这鸿沟划定了人类认识的极限。庄子将人类的认识描述为"庸讵知吾所谓天之非人乎？所谓人之非天乎？"，认为所有判断都会在认识之中失去其绝对性，而开始相对化起来。

然而，若想要成为庄子式的绝对者，就必须克服认识的这一局限，深入到实在本身中去。深入至实在本身，用全部自我与实在紧密相联的智慧便是绝对之知，这对于绝对者来说，是不可或缺的。那么，如何才能获得它呢？"且有真人而后有真知"——庄子回答说，唯有真人才能做得到。所谓真人究竟是怎样的？随即，庄子便开始了对真人的阐述。

何谓真人？古之真人，不逆寡，不雄成，不谟士。若然者，过而弗悔，当而不自得也。若然者，登高不栗，入水不濡，入火不热，是知之能登假于道者也若此。

所谓真人——庄子解释说——是将一切境遇视作天命，且以无心之境随顺这天命的人。无论怎样之境遇，他都当作天命而完全随顺，"不逆寡"——身处不幸的逆境之中也能安然地不去反抗；"不雄成"——即便加官进爵，飞黄腾达，他也毫不自傲；"不谟士"——他接受人生万事，不强加任何改变，亦不使用任何主观判断。这般真人，他不对任何所获之物加以改动，故而即便失败，也不感到后悔；即使成功，也不感到得意。这般真人，在任何境遇之中都能保持自我使其不丧失，故而即便立于山间云端，也不觉畏惧；置身水深火热，也能淡然静立。这不退缩的勇气就是真人的智慧——真知。这种智慧只有在超越了主观认识，到达道之根源，深入实在之中后才得以成立。"不雄成，不谟士"的"成"同盛，"士"同事。"登假于道"的"假"应为至、到之意。"登假"一词曾出现在《德充符》中（本书第169页）。

古之真人，其寝不梦，其觉无忧，其食不甘，其息深深。真人之息以踵，众人之息以喉。屈服者，其嗌言若哇。其耆欲深者，其天机浅。

庄子又换了一种方式来解说。

所谓真人，是克服一切虚妄、执念与耽溺，在无拘束的生命中生活之人。因此，他入睡后不会梦魇，睡醒后也不会忧虑，亦不会受任何美食所惑。他的一呼一吸皆缓慢深沉且安宁。世俗之人为图方便而用喉咙呼吸，而真人双脚紧紧立于在大地之上，通过脚跟呼吸整个生命。世俗之人如拉车的马匹一般，整日奔波。他们的喘息仿若辩论失败者的嗌言——堵在喉间的言语——那般杂乱无章。他们贪得无厌的利欲之心让他们本该具备的精神之力变得暗淡无光。

古之真人，不知说生，不知恶死。其出不䜣，其入不距。翛然而往，翛然而来而已矣。不忘其所始，不求其所终。受而喜之，忘而复之。是之谓不以心捐道，不以人助天，是之谓真人。

庄子又采用了另一新的解释方法。

真人把一切所获之物都当作自我的全部予以接受，因此，他不因生而喜悦，不为死感到怨恨。出生在这世间，他也不会过于高兴；去了那方世界，他亦不会过分抗拒。那是因为，不论生死，他都只是将获得的现在当作现在，翛然而来，又翛然而去。"翛然"指的是不受拘束的样子。他在心中铭记，自我的存在以自然之形式开始；他也洞察到，自我同样会以自然的形式终结。从而，他从不对死亡进行过多计较。自然赐予他生，他便坦然接受，享受人生；自然赐予他死，他便忘却一切，将自己返还于自然。这种境界被称为"不以心捐道"——不用人类的那些自作聪明对天道真理做出任何多余之举。这般人物，便是真人。

若然者，其心志，其容寂，其颡頯。凄然似秋，暖然似春，喜怒通四时，与物有宜而莫知其极。故圣人之用兵也，亡国而不失人心。利泽施乎万世，不为爱人。故乐通物，非圣人也；有亲，非仁也；天时，非贤也；利害不通，非君子也；行名失己，非士也；亡身不真，非役人也。若狐不偕、务光、伯夷、叔齐、箕子、胥余、纪他、申徒狄，是役人之役，适人之适，而不自适其适者也。

关于真人，庄子继续讲述道。

真人的内心忘却了世间万物的差别对立之相，与实在本身融为一体；真人的风貌能够容纳一切运动而仍寂静安然；真人的额头颗然，高而饱满。他的周围"凄然似秋"——或是给人以秋日寂寥清冷之意，"暖然似春"——或是给人以春日暖风和煦之感。他感情上的变动如同四季的推移一般自然而然；他自由无束的精神能够适时适当地应对变化无常的外界之事，永不停摆。所谓真人，就是拥有这种自由自在的无心境界之人。正因如此，即便真人以武力攻打他国，也不会失去百姓的信赖。虽然他的恩泽浩浩荡荡，绵延万世，但由于他的爱为无心之爱，他自身却不曾意识到自己对百姓的爱。

读到这里，真人至大的德行便昭然若揭了。而那些"乐通物"——刻意以人为之举的化育为目的的儒家圣人，并非真圣人。他们那有意为之的爱并非真正的爱。其中的道理想必也不用过多赘言。同样，真正的贤者将时机的吉凶抛诸脑后，随顺每一分每一秒的运势。那些强行让时机符合天命的人，也并非真正的贤者。此外，那些追求世间名利而失去自我生活的人，也并非真正有修养之人。

所有被身外之物、被世俗的价值规范束缚，以至于迷失了真正自我的人，便会成为他人与社会的奴役。他们绝无可能是那独步于天地之间、驱使万物的绝对者。诸如狐不偕、务光、伯夷、叔齐、箕子、胥余、纪他、申徒狄这类人，或为追求清名而自以为是、孤高倨傲，最终命丧黄泉的昔日贤者；或为拘泥于自我之善，因忠言劝谏失去生命的历史名人。他们无一不是受他人驱使，最终满足了他人之意而丧失自我之人。其中竟无一人是真正将自我的人生当作自我之生来享受的自由之人。

狐不偕（不偕之名含有不与世俗趋同之意）是古时传说中的隐者。相传，尧欲将王位禅让于他，这一举动让他感到羞耻万分，最终选择了投河自尽。务光此人也可见于《庄子·外物》《庄子·让王》，他将殷汤王传位于他的决定视为耻辱，纵身跃下了庐水。伯夷、叔齐则是众人皆知的殷末贤者，兄弟二人向周武王进谏却不被采纳，宁愿到首阳山采蕨菜，最终饿死于荒野之中。这一段历史在《骈拇》《秋水》《让王》《盗跖》等诸多篇章中均有描述。箕子是殷朝王族，对昏庸无度的纣王屡次劝谏，导致自己身陷囹圄，最后装疯卖傻才得以逃脱。胥余此人的身份众说纷纭，至今没有定论。据马叙伦猜测，很可能是接舆二字的音变。这一说法也不无可能。《逍遥游》与《人间世》中已对接舆进行过详细介绍，他是古时的一名隐者。纪他则是《外物》中记载的与务光同处一时期的隐士。他听闻尧欲将王位让与务光，顿觉愤慨万分，遂带着弟子一起跳进了

204

�...

稜水。至于最后的申徒狄，《盗跖》中写道，他向无道的君主直言进谏却不被采纳，最后抱着石头自沉河底，成了龟鳖的盘中物。

本节开头之处，"其心志"的"志"，根据清朝王懋竑的观点，本应是"忘"字，解为改变。如此一来，便能与下句的"其容寂"主旨一致了。"其颡颒"中，"颡"同"额"，"颒"用于形容突出之貌。

　　古之真人，其状义而不朋，若不足而不承；与乎其觚而不坚也，张乎其虚而不华也；邴邴乎其似喜乎，崔乎其不得已乎，滀乎进我色也，与乎止我德也，厉乎其似世乎，謷乎其未可制也，连乎其似好闭也，悗乎忘其言也。以刑为体，以礼为翼，以知为时，以德为循。以刑为体者，绰乎其杀也；以礼为翼者，所以行于世也；以知为时者，不得已于事也；以德为循者，言其与有足者至于丘也，而人真以为勤行者也。故其好之也一，其弗好之也一。其一也一，其不一也一。其一与天为徒，其不一与人为徒，天与人不相胜也，是之谓真人。

庄子亦用了这样一段话来描绘真人的姿态。

古时候的真人，他的风貌如崇山一般，巍峨坚韧；人格如汪洋一般，似有不足却无需接受任何弥补；他的威严合乎标准，态度认真且端正，却不偏颇；即便有着不受拘束的虚无之心，亦无半分装腔作势之举。他的表情明快，不含一丝阴霾，喜悦之心溢于言表。遇到事情，他便稍显迟疑，仿若一切都是无奈之举。他内里充溢着的德行如同涌泉，自然而然地通过表情显现出来。他的心则从不游荡在外，从容不迫地保持着那深邃的内在属性。乍一看，他似乎与世俗之人并无区别，但其精神却远远超出世俗，不受任何事物所限。他似乎热衷于沉潜在那暗处凝视自我的封闭世界，忘记一切概念，在实在本身之中享受自我恍惚混沌的生命。

这一段内容是庄子使用不同手法，对他心中的绝对者——真人——的形象进行的描画。他还提到，真人以天下王者之姿置身于政治权力的宝座之上。那么真人所施行的统治又是怎样的？他在本节最后，对成为了支配者的真人进行了如下阐述。

当真人成为天下之王、治国为政时，他将刑法用作治世为政的第一原理，让礼仪为其提供助力，用知来判断"时"——每一分每一秒的合理性，用德来实现"循"——无为自然的感化。刑法超越在人类恣意私情的行为之上，是人类行为的客观成文基准。只要将刑法置于根本之处，秉政当轴，即便判人死罪，也不会被主观感情扰乱心神。礼仪是社会的习惯性规范，若是它成为政治的助力，就能够实现符合现实情况的仁政。此外，如果君王以自己的明知去判断每一日每一刻的运势，万事便能够有条不紊，也就实现了"不得已而为之"的政治。若再凭借那至大之德，施行遵循万物自然的无为自然化育，那么，他的德化便会犹如双足健全之人翻越一处矮小的土坡，不知不觉便达成了目的。真人的统治，便是这般刑、礼、知、德并施下的无为自然的政治。可世俗之人无法理解真人这无为之政的真谛，认为他施行的政事也都是刻意之举，这实在是扭直作曲。

简单来说，真人就是超越了一切差别对立、与实在本身化为一体之人。他与实在本身相融，因此"其好之也一，其弗好之也一"——好（爱）与恶（憎）是相通的一个整体。虽说好恶爱憎本为一体，但若说其形，则两分。"其一也一，其不一也一"——从这层意思上来说，实在既可以是一物，也可以不是。但只要是能将实在视为整体，即主张万物齐同境界之人，便是"与天为徒"——绝对世界的居民。至于那些不将实在视为一体，生活在现象差别的世界之中的人，便是"与人为徒"——世俗世界的居民。那些置身于绝对世界，又同时生活在世俗世界之人，身为超越者，同时也是现实者，换句话说，就是有着"天"与"人"不互相否认，浑然相融的人格之人。这种人，就是真人。

在这一节中，值得注意的是这句"以刑为体，以礼为翼"。

　　庄子思想中的真人是逍遥于精神自由之中的超越者，是内在世界之帝王。这内在世界的帝王所拥有的绝对性，让他完全有能力成为外在世界的统治者。也就是"内圣外王"（《庄子·杂篇·天下》）。但是正如接下来我们将在《应帝王》中读到的那样，真人的统治必须是否定人为之举的无为自然之治，必须是否定政治的政治。这一统治之下，不仅仅是权力威慑下的法治遭到了否定，礼教规范下的德治同样会被看作歪曲人类本性自然的毒瘤，从而遭到铲除。那么，又该如何解释"以刑为体"？这必然是一种法律支配，也就是诸多权力政治形式中的一种。这种权力政治甚至在一种巧妙的逻辑下受到了肯定，认为只要在行使权力时做到无心，那么相应的统治也会是无为且自然的。这的确是对无为自然的一个全新解释——不，还不如称之为是全新的歪曲更加合适一些。那么，这一全新的解释，或者说是歪曲，在庄子思想中扮演了怎样的角色？

　　在战国末期汉朝初期，也就是自公元前3世纪至公元前2世纪之间的这段时期，老庄思想曾一度与法家思想混淆在一起。这一点，前文中也有过一些涉及（见本书第152页）。笔者则认为，庄子在本节中的论述，应该与绝对者在受到法家思想的影响后所获得的新特性相结合，一同品读。现存的《庄子》版本之中，《内篇》部分普遍被视作是成书时期较早的部分。然而即便是《内篇》部分，也存在着不少疑似人为篡改的牵强之处。在关于究竟什么才是其正确的文本批评[1]这一问题上，学术界至今众说纷纭。若想得出确切定论，尚有大量难关亟待突破。因此，本书只得将这些因素统统撇去，尽量绕开不谈。但本节内容直接与庄子思想的本质相关联，故为防止误解，将笔者之私见附记于此，以向读者点明问题所在。

文中的"义而不朋"，按照清代俞樾的看法，应解释为"峨而不崩"。"峨"是山峦高耸之貌。"与乎其觚"的"与乎"和《论语·乡党》中"与与如"的用法相同，指威仪端庄的相貌。"觚"指沉稳扎实。"张乎其虚而不华"的"张乎"为宽广巨大之意；"虚而不华"意为心虽超越了世俗，但双脚仍旧踏在实地之上。"华"指仅局限于外观的美，即虚有其表，缺乏实际的实践性。"邴邴乎"描绘的是心中和乐的景象。"崔乎"同"摧乎"，指心中不情愿。"滀乎"指心中烦闷。"与乎止我德"的"与乎"，此处援引马叙伦的说法，应理解为"趣乎"，也就是悠闲漫步的样子。"厉乎"的"厉"，在他本（崔本）中写作"广"。"连乎"说的是被隔绝之态。"悗乎"指忘却一切。"绰乎"为心中放松之貌。最后的"与天为徒"及"与人为徒"两句是在《人间世》已经出现过的写法。

1　文本批评（textual criticism），是文学批评的一种，是对文稿文本错误的确定和勘误。古代文献采用手抄形式导致在传抄过程中会出现错误。在已有传抄本的情况下，文本批判试图尽可能重建原始文本的原貌。文本批判的最终目的是产生出尽可能接近原文的"批判版本"。

死生，命也；其有夜旦之常，天也。人之有所不得
与，皆物之情也。彼特以天为父，而身犹爱之，而况其卓
乎！人特以有君为愈乎己，而身犹死之，而况其真乎！

　　庄子用不同的描写方法刻画了真人的面貌。自本节起，他
转而凝视起了"真人"的"真"，也就是被真人尊为老师，助
其最终成为真人的宇宙性真实在——道。

　　人为何出生，又为何死亡？这是一个所有人都曾在心中至少
自问过一次的问题。庄子却说，没有什么能比疑惑自己为什么出
生更加愚蠢的了。"死生，命也"——人的生与死都是"命"，也
就是自然理法，这与日升月落、月落日升的天体运动一样，都
是天——自然的理法。所谓自然，其中就包含了超出人类能
力、以人为的意志与努力无法撼动的含义。而在这凌驾于人类
能力之上的宇宙性意志的支配之下，便是世间万物的真相。

　　"彼特以天为父，而身犹爱之"——彼，即人类，在养育
了自己的亲生父亲面前表现出的是由衷的爱与顺从。面对亲生
父亲尚且如此，那么在远比生父伟大的父亲面前，也就是自然
理法面前，必然会更加敬爱、顺从。人们"有君为愈乎己，而
身犹死之"——将君主置于高于自己自身的地位之上，甚至可
以为君主献出生命。面对人类世界的统治者尚且如此，那么，
在远要更加伟大的真正支配者——宇宙理法的面前，必然是要
将其置于无上之位，彻底随顺的了。

单纯只看"以天为父"四字，是十分难理解的。自古以来的解读或是将其改为"以父为天"，或是将"天"改为"人"，按照"以人为父"的形式来理解。本书更加倾向于后者的主张。"而况其卓乎"的"卓"是高超卓然之意。"为愈乎己"的"愈"意为胜于。

泉涸，鱼相与处于陆，相呴以湿，相濡以沫，不如相忘于江湖。与其誉尧而非桀也，不如两忘而化其道。夫大块载我以形，劳我以生，佚我以老，息我以死。故善吾生者，乃所以善吾死也。

道，即自然理法，它是至高且至大的。在这伟大的自然理法面前，人类的一切行为都近乎于无。人类行为的这份渺小，打个比方，就好比那泉水干涸后在湖底淤泥上垂死的鱼，在苦痛中挣扎，互相用呼吸产生的湿气润养彼此，用泡沫沾濡对方。人的渺小与鱼的卑微何其相似。将这鱼从那绝望的挣扎之中拯救出来的唯一方法，就是将它们放入宽阔的大河、无垠的湖水中。同理，让人类从可悲的行为——对尧之善的赞颂、对桀之恶的批驳这一类是非好恶的价值偏见中超脱的方法也仅有一种：将是非好恶遗忘在那对立的彼岸，从而与无是无非的实在本身合为一体。

在人类诸多惑溺之中，最重的莫过于对生的希望以及对死的厌恶。一个人带着人类的形体生于世间，在多舛的人生中苦苦挣扎，年老色衰后才能寻得片刻的安逸，直至死亡来临，才终能真正让自己解放在永劫的休憩之中。这本就是超出了人类能力范围的"大块"——天地理法。故人们除却顺遂这绝对必然，别无他法。

只有那些将自己获得的生命看作善的人，才能认为自己的死亡同样为善。只有肯定一切，才是对一切的超越。

夫藏舟于壑，藏山于泽，谓之固矣！然而夜半有力者负之而走，昧者不知也。藏小大有宜，犹有所遁。若夫藏天下于天下而不得所遁，是恒物之大情也。特犯人之形而犹喜。若人之形者，万化而未始有极也，其为乐可胜计邪？故圣人将游于物之所不得遁而皆存。善妖善老，善始善终，人犹效之，又况万物之所系而一化之所待乎！

这里强调了人类的无力与自然之伟大，也正是因为如此，对自然的绝对随顺才能为人类带来真正的解放。

毕竟，再没有像人类这样依恃自身之知、过度相信自己能力的动物了。他们夜郎自大，就好比那个将渔船藏在山谷中，把渔网藏在湖底，认为只要这样就万无一失了的渔夫一样，肤浅且愚蠢。藏在山谷中的船也好，沉在水底的网也好，对于随便一个力气稍大的男子来说，不消一夜便能全都扛走。愚笨的渔夫想不通这层道理。在常识看来，他这样把小型的船和网藏在广袤浩荡的山谷与湖泽之中，姑且还有几分道理。但这方法并非绝对完美，还有许多漏洞不曾被思考。既然这样，便需要一个万全之策："藏天下于天下"——让一切存在都保持着其在天地宇宙间原本的样子，不施加任何人为干预。"自然"能够让万物保持其原有姿态。只有"自然"才能包容世间万象。这自然二字，才是一切万物的伟大真实。

世俗之人没能领悟这种真实，便只是偷来了人类的躯壳，苟活于人世。他们犹如成为了唯一绝对存在一般异常欢喜。但是，人类的外形不过是处于永恒变化中的实在所拥有的一种具体表现罢了，如若仅仅只这一点小变化就值得欢喜，那他们的欢乐大概就会伴随着实在的无限变化逐渐成为无限吧。无智之喜、无凭之喜——他们的欢喜与快乐如指缝间流淌的水一般悲哀，他们却不自知。

故而绝对者"物之所不得遁而皆存"——将那容纳世间万物的宇宙本身作为栖身之世，与宇宙理法——道——本身相融，将一切存在看作存在本身。短暂的生命是善，衰老的生命是善；开始是善，终结是善。他对遇到的一切都予以肯定，热爱自己命运中的全部内容。绝对者，就是这样的人。他们是所有渴望超脱之人的榜样。一个人，仅仅因为顿悟了天道，便能够受万物景仰。那么，绝对本身——使一切万物得以存在、一切变化得以生成的"道"——必定就是"大宗师"了。

　　文中的"藏山于泽"的"山"，按照清朝俞樾的观点，应解释为汕，指渔船上使用的抄网[1]。"藏小大有宜"应按照"藏小于大"来理解。"昧"为愚，"遁"为逃。

　　　　夫道有情有信，无为无形；可传而不可受，可得而不可见；自本自根，未有天地，自古以固存；神鬼神帝，生天生地；在太极之先而不为高，在六极之下而不为深，先天地生而不为久，长于上古而不为老。

　　那么道究竟是什么样子的？

　　在《齐物论》中已经说过，"道有情有信"——"情"，即真实的作用影响；"信"，是能够证实作用影响真实性的表征。道的作用影响是无为之为，是无法以形象概念捕捉到的。"可传而不可受"——由于是无形之物，虽可以心传心，却无法以实物手手相传。"可得而不可见"——可以在心中领悟，但无法用知觉感官捕捉到它。

　　而且，"自本自根"——道的存在之根本在其本身之中，道不依托于任何事物，不从属于任何事物。"未有天地，自古以固存"——自开天辟地之前就已经存在。"神鬼神帝，生天

1　抄网，由网囊、框架和手柄组成，以舀取方式作业的小型网渔具。

生地"——鬼神的神灵性与上帝[1]的超越性也都缘于"道"而得以显现，天与地也因"道"而生。

道超越了一切空间与时间，所以一切时间与空间上的规则对道来说都不会奏效。"在太极之先而不为高，在六极之下而不为深"——即便是宇宙的至高点之上，也算不得是高；即便是世界最深处以下，也算不得是深。"先天地生而不为久，长于上古而不为老"——自天地未开之时便已存在，也谈不上是久；自历史始源前便已开始的时间也不能说是长。

"太极之先"的"先"，根据《淮南子》中引文所写，应理解为"上"。太极为天空尽头。"六极"指代的是世界尽头处的深渊。"神鬼神帝"的"鬼"指的是鬼神。"帝"为天帝。"神"是使之拥有灵妙的能力之意。

> 豨韦氏得之，以挈天地；伏戏得之，以袭气母；维斗得之，终古不忒；日月得之，终古不息；堪坏得之，以袭昆仑；冯夷得之，以游大川；肩吾得之，以处大山；黄帝得之，以登云天；颛顼得之，以处玄宫；禺强得之，立乎北极；西王母得之，坐乎少广，莫知其始，莫知其

1　上帝，中国古代最古老的神、天界的支配者。殷代时人们认为天上有掌管宇宙的神格，并将其称为帝，又因帝位于上方而逐渐演变为上帝。多见于《诗经》《书经》等儒教典籍。

终；彭祖得之，上及有虞，下及五伯；傅说得之，以相

武丁，奄有天下，乘东维、骑箕尾而比于列星。

承接上文的道有"神鬼神帝"之能力，庄子在本节中列举了得道的鬼神精灵位列诸神之座的神秘群像。他首先赞美了"真人"伟大的德，进而讲述了被真人尊为至尊之师的"道"所具有的绝对性，最后则描绘出得道后便在至大宇宙中遨游的传说中的神明，用纷繁复杂的历史幻相，结束了此篇前半部分的叙述。不得不说，庄子的这种奔放奇异的构思，让人不能不刮目相看。

"狶韦氏得之，以挈天地"——狶韦氏是传说中的帝王，与《左传》《国语》等古籍中出现的豕韦氏应为同一人物（马叙伦之解）。他之所以能够成为这个故事的主角，将天与地连接在一起，也是由于他领悟了道。

"伏戏得之，以袭气母"——伏戏与《人间世》中出场的伏羲是同一个人。他也因顿悟天道才得以将"气母"，也就是宇宙之气的根源收入自己的手掌之中（"袭"同取）。

"维斗得之，终古不忒"——北斗星也在得道之后，成为了亘古不变的天体运行之中心。"日月得之，终古不息"——太阳与月亮体悟了道，便能够发出永恒不熄的光芒。"堪坏得之，以袭昆仑"——堪坏应与《淮南子》中的钦负、《山海经》中的钦䲹相同（马叙伦之解），是传说中居于昆仑山的山神。他

之所以能够以镇山神的身份进入昆仑山，也要归因于他对道的领悟（"袭"同入）。"冯夷得之，以游大川"——冯夷同样是在《淮南子》《山海经》（作"冰夷"）《论衡》等文献中出现过的传说中的水神。他能够镇守河川，成为居于河底的河神，也得利于他对道的体悟。

"肩吾得之，以处大山"——肩吾是古时得道之人，《逍遥游》中有他与连叔的问答，接下来的《应帝王》则记载了他与接舆的对话。此节中，肩吾被写为山神。整句意为：连肩吾这类传说中的神明也是在得道后才能够执掌山岳。"黄帝得之，以登云天"——黄帝也因得道，成了仙人，向着云层彼端的天空飘然而去。黄帝是传说中最古老的帝王，他得道成仙的具体内容可见于《史记·封禅书》。

"颛顼得之，以处玄宫"——相传，颛顼是黄帝之孙，亦是古代传说中的帝王。据说，他得道后便居于一座名为"玄宫"的玄黑色宫殿之中，统治了北方诸国。

"禺强得之，立乎北极"——禺强在《山海经》中被描写为"北海之渚中，有神，人面鸟身，珥两青蛇，践两赤蛇"，是一个传说中有着半人半兽之身的人。本节中则作为北极之海的海神登场。

"西王母得之，坐乎少广"——西王母本是一个亚述地区的国家之名，后来这个遥远异国的来客悄然进入了古代中国传说，成为了半人半兽的妖怪，后又变成了一个住在昆仑山中的明眸皓齿的美丽仙女。此段中的西王母是世界西端的少广山中的神仙。"莫知其始，莫知其终"——她成为了不老不死的神仙，可以享受无生无死的永劫时间。

"彭祖得之，上及有虞，下及五伯"——彭祖是《逍遥游》中"以久特闻"的得道者，他因顿悟天道，故能在上至帝舜时期、下至春秋五霸的时间里一直长寿不衰。"有虞"指舜，"五伯"与五霸同义，指春秋时代的五位霸者——齐桓公、晋文公、宋襄公、秦穆公、楚庄王。

"傅说得之，以相武丁，奄有天下，乘东维、骑箕尾而比于列星"——傅说是古代传说中的贤人，他助殷王武丁（《论语》等文献中出现的高宗是他的号）治理天下，死后飞升登天，乘在执掌东方的星宿——箕宿和尾宿上，化作了众星之一，镶嵌在夜空之中。

庄子在本段中，列举了数十位得道者，也就是因得道而位列仙班的神话人物。值得注意的是，本就身为神仙的黄帝、西王母与彭祖三人也在这十几人之中，而且他们的神仙性——不老不死也同样是基于得道才具备的。《庄子》中不乏具有神仙色彩的记述。《逍遥游》中的藐姑射山的神人也好，《外篇·天地》中的圣人"千岁厌世，去而上仙，乘彼白云，至于帝乡"也好，以及本节中的"黄帝得之，以登云天"也好，无一不

218

是其例。这些有关神仙的记叙，在庄子思想中又位于怎样的位置呢？

庄子思想与神仙思想之间的确有若干明显的相似之处。首先，神仙是世俗世界中的超越者，庄子定义的绝对者也是世俗世界的超越者。其次，庄子的超越者超越了时空，在绝对自由的世界中逍遥飞翔，神仙也能通过自身的神力在空中自在翱翔，且超越在一切时间之外。第三，庄子的绝对者克服了人类的一切悲伤、恐惧与叹息，神仙也同样将人类最大的恐惧与悲伤——老与死——摒弃在外。

但即便二者之间存在这些相似之处，庄子式的绝对者与神仙之间仍旧有着一个不容忽视的根本区别。在人类对时间的喟叹，也就是老与死面前，神仙试图在时间的延长线上进行超脱，而庄子式的绝对者则超越了时间本身。所谓超越时间本身，并非是化有限为无限，而是在有限本身之中寻找无限，在有限与无限这一对立的根源处将二者视同同一。具体来讲，就是"善妖善老"[1]，就是"生时于心"[2]。神仙祈求一生能够无限持续，执着于生。庄子则将这种执着也看作迷妄，摒除在外。尽管相似之处颇多，但在这一点上，二者的思想精神显然存在着

1　出自本篇《大宗师》：善妖善老，善始善终，人犹效之，又况万物之所系而一化之所待乎。
2　出自《德充符》：使日夜无郤而与物为春，是接而生时于心者也。

无限差距。

但庄子热爱神仙的超越性。他热爱仙人那吸风饮露，风姿绰然，如处子般的清纯；热爱仙人那将俗世的丑陋喧嚣摒弃于天空彼端，在白云之上笑看凡人苦痛挣扎的脱俗与超凡。对庄子来说，神仙就是他那至高超越的象征。当庄子写下"黄帝得之，以登云天""彭祖得之，以久特闻"时，他并非是在表达对黄帝与彭祖长生不老的憧憬，他只是在通过典型之例来讲述天道包容一切时间与空间的伟大而已。

南伯子葵问乎女偊曰："子之年长矣，而色若孺子，何也？"曰："吾闻道矣。"南伯子葵曰："道可得学邪？"曰："恶！恶可！子非其人也。夫卜梁倚有圣人之才而无圣人之道，我有圣人之道而无圣人之才。吾欲以教之，庶几其果为圣人乎？不然，以圣人之道告圣人之才，亦易矣。吾犹守而告之，参日而后能外天下；已外天下矣，吾又守之，七日而后能外物；已外物矣，吾又守之，九日而后能外生；已外生矣，而后能朝彻；朝彻而后能见独；见独而后能无古今；无古今而后能入于不死不生。杀生者不死，生生者不生。其为物无不将也，无不迎也，无不毁也，无不成也。其名为撄宁。撄宁也者，撄而后成者也。"

　　行文至此，庄子一路赞颂了"真人"以及真人的"真"——道——的伟大，构成了《大宗师》的前言部分。接下来，他将七段对话形式的故事列于其后，借由这些事例，为上述主张提供了更加具体且易懂的说明。

　　第一则故事。

　　庄子首先通过南伯子葵与女偊的对答，讨论了领悟天道——进入绝对世界——的实践过程。所谓"撄宁"，则是这种实践的最高境界。这撄宁二字，可以说是整段故事的中心所在。南伯子葵与《齐物论》开头处出现的南郭子綦是同一人，是楚国的哲人。女偊的本义为后背长有肉瘤的女子，在这里则被描写为顿悟天道之人。

　　一日，名为南伯子葵的哲人向有道者女偊问道：

　　"你已经年龄不小了，可你的脸还是如孩童一样水润，可是有什么秘诀？"

　　女偊听罢回答说：

　　"我领悟了道。"

　　"那像我这样的人能不能领悟道呢？"

　　"不，不，当然不可。你可不是一块悟道的料。"

　　女偊毫不留情地批驳了南伯子葵的问题，转而讲起了一个叫作卜梁倚，有着圣人之才的男子。

　　"有一个叫作卜梁倚的人，和你这种人完全不同。他非常聪明，身怀圣人之才。"女偶娓娓道来，"可惜的是，他'无圣人之道'——尚没能达到那超越人类之才、深入实在本身的境界。而我虽不具备他那般的'才'，但我已经领悟了'道'，所以我想要为他指点一二，让他能够领会天道。'庶几其果为圣人乎'——不知他能不能成为一个德才兼备的圣人。我心中虽有期待，却并非十分自信。'不然'——如果没有什么值得担心，只把这事情看作可能的话，'以圣人之道告圣人之才，亦易矣'——由具备了圣人之德的我来教导拥有圣人之才的他，理应不会十分困难。我本是这般想的。但我在教他时，还是慎重再慎重。到了第三日，他已经达到了忘记这个世界的境界。我便更加谨慎地教他。又过了七日，他已经达到了忘记宇宙万物的境界。于是我愈发慎重，进而又教导他九日，他便进入了忘记自身存在的境界了。

"一旦进入忘记自我的忘我之境，便会'朝彻'——立于朝阳破晓一般豁然开朗的境界之上，从而'见独'——看破唯一的绝对真理，进入没有古与今这类时间观念的境界，最后到达无死无生的绝对世界。

"而且，'杀生者不死，生生者不生'——决定世间万物之死亡的事物，其本身则不可能消亡；赋予一切存在生命之物，也必须超越在自身生成之外才行。超越一切万物的生成与死亡，其本身则无生也无死，只有这样才有可能使万物生、使万

222

物死。所谓道，便是这种其本身不生不死，且掌管一切万物生灭的宇宙的根本理法。

"'其为物无不将也，无不迎也'——因为道是如此，所以它包容一切万物的生灭来去、成毁存亡，送走全部消灭逝去之物，接纳一切生成发展之物。'无不毁也，无不成也'——毁灭一切，生成一切。与这道化为一体的境界，被称为'撄宁'。所谓撄宁，即撄后而成，也就是，不生不死之道与自我相互拥抱、融为一体的境界。"

读到这里，我们需要对庄子所说的"撄宁"进行一番更加细致的品读。如同庄子自己定义的那样，撄宁是指自我与道相互纠缠、相互拥抱的境界。此处说的自我，指的是"已外物、已外生"的自我，是身心皆舍去了个体小我而纯粹化了的宇宙性大我——或者该称之为普遍自我。道是生灭变化着的实在之本身，因此自我与道相互拥抱的境界，就是纯粹观照万象的生灭变化，将其视作生灭变化本身的境界，是《人间世》中"虚而待物"的境界，亦是《齐物论》中"万物与我为一"的境界。至于"朝彻"与"见独"也是一样，简言之，便是对这种宇宙性自我纯粹观照立场的强调，这与《齐物论》南郭子綦"吾丧我"而听天籁的纯粹观照亦是相同的境界。当那无古今、无生死，囊括了一切生灭变化，在永劫的时间与无限的空间中自然发展的道——变化流转之本身——与这一境界相合时，自我便能够在自身之中与其紧紧相拥了。由于被自我紧抱着的道不生不死，拥抱天道的自我也就必须同样不生不死。自我拥抱天道，天道拥抱自我，这一"嗒焉似丧其耦"的境界，就是撄宁。这撄宁，简言之，就是庄子的绝对世界，是他的解脱。庄子以女偊对南伯子葵的答复，将他对这种解脱的理解展现在了人们面前。

> 南伯子葵曰："子独恶乎闻之？"曰："闻诸副墨之子，副墨之子闻诸洛诵之孙，洛诵之孙闻之瞻明，瞻明闻之聂许，聂许闻之需役，需役闻之于讴，于讴闻之玄冥，玄冥闻之参寥，参寥闻之疑始。"

向女偊询问了关于庄子式绝对者之解脱——撄宁——的南伯子葵，又随口向女偊问道：

"你到底是从何处学到了如此高深的哲学之理的？"

女偊答曰：

"起初，我是通过'副墨之子'，也就是文献典籍接触到它的。在反复诵读文献的过程之中，我终于达到了'瞻明'，也就是清晰了悟的境界，随之便升入了'聂许'，也就是在'原来竟是如此'这般喃喃自语声中独自顿悟的境界。而当这种顿悟有了'需役'，即实践的基础，便会从中传来'于讴'——欢喜的喟叹之声。这咏叹之声进而到达了'玄冥'，也就是与真理冥合的境界；这冥合之境又步入了向着实在本身的渗透——'参寥'的境界，最终发展为自我与'疑始'，也就是宇宙根源之道合而为一的境界——这就是'撄宁'。所谓绝对者的解脱，便是这般错综纷繁。我一开始所说的'子非其人也'，也绝非戏言。"

此段以一个极度经验主义的角度说明了绝对者对绝对世界的顿悟过程。众所周知，在中国近代哲学中，朱子的经验主义与王阳明的直观主义的观点两相对立，中国的禅思想中也存在渐修与顿悟两种对立的观点。显而易见，本段阐述的解脱论，与王阳明之说相比，更偏向朱子一派；与顿悟之说相比，更接近渐修之论。那么，归根结底，这样一段经验主义、渐修主义的论述，是否是庄子本来的思想？换句话说，在《庄子》的原始版本中是否存在这一段论说？这是一个极为复杂的问题（笔者本身对此持有较为否定的观点），我们暂且搁置不谈。毋庸置疑的是，这一说法在中国的解脱论中成为了经验主义论的原型之一，值得我们给予更多关注。

文中"副墨之子"的"副"指辅助者，"墨"为翰墨，也就是成为一种传道方式的文字与文献的传承。"子"则是将道喻为父，用于记录道的文字文献则被喻为子。"洛诵"的"洛"同"络"，指反复重复。"孙"则是将反复诵读比喻为文献之子，遂为道之孙。"瞻明"指观瞻之举清晰明了。"聂许"的"聂"同"嗫"，指小声呢喃；"许"指了悟、顿悟。"需役"中，

"役"即践行，用实践验证之意。"于讴"为咏叹。在《老子》
（第二十五章）中记有"寂兮寥兮"的写法。本文中"参寥"
的"寥"与之相同，用于形容天道。"疑始"的"疑"同"拟
（拟）"，"始"指万物之始，也就是"道"。之所以称之为"拟"，
是为了突出表现道超越了知觉对形象概念的把握这一特征。

此外，自"副墨""洛诵"至"参寥""疑始"的这一解脱
的过程，在这段文字中被赋予了拟人的色彩，以师徒父子相传
的道之系谱的形式逐渐铺开。这一点也可以说是其后宋学等学
派多有推崇的"道统"思想的源头之一。因而，后世的道士在
起道号时多用"参""寥"二字，其中著名的道士有与唐代诗
人李白相交的参寥子（姓名不详），以及宋代《参寥子集》的
作者——释道潜（号参寥子）等。

> 子祀、子舆、子犁、子来四人相与语曰："孰能以无
> 为首，以生为脊，以死为尻；孰知死生存亡之一体者，
> 吾与之友矣！"四人相视而笑，莫逆于心，遂相与为友。

这是第二段故事。

庄子让子祀、子舆、子犁、子来四人在故事中登台，并借
由他们之间的对话说明一个道理：生与死归根结底本为一物，
为死亡悲伤恐惧纯粹只是迷妄。这段故事中使用的行文笔触之
幽默，在《庄子》各篇的其他故事中是屈指可数的。其叙述明

快轻松，字里行间充溢着庄子式的机智与飘逸，着实是一篇酣畅淋漓的作品。

"以无为首，以生为脊，以死为尻"是庄子独有的奇特比喻。他将有无、生死的对立与矛盾看作首、脊、尻等一身同体之物。"莫逆于心"指互相在心中肯定对方（正所谓莫逆之交，这一说法的源头便是来自此）。这四个人在见面之初便从彼此的微笑中感受到了对方的内心，在无言之中意气相投，建立了友谊。

> 俄而子舆有病，子祀往问之。曰："伟哉，夫造物者将以予为此拘拘也。曲偻发背，上有五管，颐隐于齐，肩高于顶，句赘指天。"阴阳之气有沴，其心闲而无事，胼跹而鉴于井，曰："嗟乎！夫造物者又将以予为此拘拘也。"

"拘拘"指身体伛偻弯曲的样子。"上有五管，颐隐于齐，肩高于顶，句赘指天"一句将《人间世》对支离疏的描写直接借用到了此处。

"句赘"在《人间世》中相当于"会撮"，指的是发髻，也有说法认为此词指的是脖颈上长出的肉瘤。"胼跹"描写的是踉跄而行之态。

子祀、子舆、子犁、子来成为了莫逆之友后，子舆突发急病，卧床不起。子祀前来探病，子舆却说了怪话。

"那所谓的造物主，实在是太伟大了。竟然能将我的身体折弯成这般形态。后背佝偻起来，五脏全被挤到上方，下巴隐在肚脐附近，肩膀则要比头顶还要高出许多，句赘则朝上指向天空。简直就像是阴阳之气做出的玩笑之举。"

他并未因此惊慌失措，而是一副平静至极的表情，缓慢地拖着脚步，挪到了水井旁边。他盯着井水中映出的自己的倒影，又重复了一遍方才的话。

"啊！那个造物主创造了我，如今又想要将我的身体对折起来了。"

　　子祀曰："女恶之乎？"曰："亡，予何恶！浸假而化予之左臂以为鸡，予因以求时夜；浸假而化予之右臂以为弹，予因以求鸮炙；浸假而化予之尻以为轮，以神为马，予因而乘之，岂更驾哉！且夫得者，时也；失者，顺也。安时而处顺，哀乐不能入也，此古之所谓县解也，而不能自解者，物有结之。且夫物不胜天久矣，吾又何恶焉！"

"浸假"指的是逐渐顺次加重。

"若我的病症进一步恶化，哪怕说我的左臂像鸡翅膀一样，也没什么不好。干脆我就顺势变成一只公鸡，用高亢的鸣叫声为人报晓好了。若是右臂变形，犹如弹弓的话，我便顺势化身为一柄弹弓，射下只飞鸟烤来吃了便是。若是化为一辆马车，就坐于车上；若是化作马匹，便让这马来拉车。总之，便是要将自己获得的一切都当作是自己的命运，热爱它，与这命运一同嬉戏相交。"

"且夫得者，时也"一句借用了《养生主》中的原句。"而不能自解者，物有结之"——不论得失、祸福，抑或是生死，只有将自己获得的现在当作自己的当下，认真生活，才能得到不为悲伤、恐惧与叹息所折服的安宁及自我。人类精神真正的解放——县解——指的不正是这种认真对待一切、肯定一切的精神自由吗？然而世俗之人却全然无所感，仍旧对生执着，对死恐惧。他们将生命本应安宁的自然，束缚在自身之中，让自己在无可救药的绝望、悲痛与恐惧之中残喘。他们的狂躁与惑溺，正是因为他们的心"物有结之"——被外物紧紧束缚住了。

"且夫物不胜天久矣，吾又何恶焉"——而且，无论万物如何挣扎，都无法与支配自身的自然理法——天——相抗衡，这一真理的存在也并非一天两天了。因此，我只是将这无从逃脱的自然理法——天——当作自己的命运，坦然接受它。将它当作我的当下，热爱它。怎么可能会去憎恶它呢？

俄而子来有病，喘喘然将死。其妻子环而泣之。子犁往问之，曰："叱！避！无怛化！"倚其户与之语曰："伟哉造化！又将奚以汝为？将奚以汝适？以汝为鼠肝乎？以汝为虫臂乎？"子来曰："父母于子，东西南北，唯命之从。阴阳于人，不翅于父母。彼近吾死而我不听，我则悍矣，彼何罪焉？夫大块载我以形，劳我以生，佚我以老，息我以死。故善吾生者，乃所以善吾死也。今大冶铸金，金踊跃曰：'我且必为镆铘！'大冶必以为不祥之金。今一犯人之形而曰：'人耳！人耳！'夫造化者必以为不祥之人。今一以天地为大炉，以造化为大冶，恶乎往而不可哉！"成然寐，蘧然觉。

正当子舆蹒跚行至井边，笑叹自身命运之时，四人之中的子来患了急病。"喘喘然将死"——他气息奄奄，命悬一线。妻儿围在病榻旁边，哭着呼唤他的名字。正在这时，子犁前来探望子来，"停！"——子犁想要制止正在嚎哭的子来亲人。

"好了，都让开，都让开。不要在这里妨碍伟大的转生。"

子犁这样说着，将子来的亲人都赶出了门，自己倚在房门上，与病榻上的子来单独说起话来。

"造化之力着实伟大啊。能够让你出生在这世间，现在又想要改变你。不知是想将你引向何处呢？莫非是想让你做老鼠的肝脏？还是说要你变成虫蚁的足肢？"

"是什么都一样。做孩子的，就连父母之言都要言听计从，东南西北，向着父母指示的方向而飞。阴阳，也就是宇宙理法，其绝对性之大，是父母的绝对性所无法比拟的。现在，这拥有绝对力量的宇宙理法想要让我接近死亡，而我却试图反抗它的意志，这完全是出于我个人的擅作主张。有言道，'大块以载我以形，劳我以生，佚我以老，息我以死'。人类于世间生存，唯痛苦二字罢了。虽说死是永劫的休憩，但只有将那痛苦的生当作自己所获的生命认真活完的人，死亡才会成为他所获的休憩，让他得以安然逝去。比方说，有个技艺精湛的冶铸师，想要用金属锻造一把剑。试想，倘若正当他锻到一半儿，金属突然迸溅而起，说：'我讨厌被铸成一把钝刀，你可一定要把我造成像莫邪一样的名剑啊！'这冶铸师必定会怒气冲天，觉得这是一块没用而且不吉利的铁块。人也是同样。人们在造化的锻造之下拥有了人的外形。生而为人这件事本身就已属一种'犯'——僭越了。人类若是依旧不停地叫嚣'我要做人！必须要做人'，胡搅蛮缠的话，这名为造化的冶铸师必然会觉得这是个没用又晦气的东西，十分生气。所以我才想要成为一个绝对顺应命运的人。把这宇宙看作一方巨大的熔炉，造化自然则是伟大的冶铸师，自我的存在则是熔炉之中被冶铸师锻造的金属。这般想来，不论自己被锻成了怎样的形状，都只能接受并成为这个形状。那些顺从命运之人能够克服一切悲伤、叹息与恐惧，所以'成然寐，蘧然觉'——他们的死也如熟睡般安详，生亦如突然造访的苏醒一般无甚特殊。他们虚化自我，将一切境遇的变化置于伟大的肯定之中。我想要拥有这样的境界，在这般境界之中生活下去。"

文中，"喘喘然"指呼吸急促、十分痛苦之状。"怛"同惊。"翅"为助词，意为只。"不翅"则相当于英语的"not only"。自"夫大块载我以形"开始，至"乃所以善吾死也"之间的六句话，早在本篇的开头就已出现过。"蘧然"写的是顿觉震惊之态。

> 子桑户、孟子反、子琴张三人相与友曰："孰能相与于无相与，相为于无相为；孰能登天游雾，挠挑无极，相忘以生，无所终穷！"三人相视而笑，莫逆于心，遂相与友。

这是第三段故事。

故事之中登场的子桑户、孟子反、子琴张三人是超越者。前半部分中，他们互相诉说着自己对忘却世俗、无拘无束，以及超越生死的无边无际世界的憧憬与决心。这与第二段故事并无太大不同。在这之后，便轮到孔子与其学生子贡出场了。他们在庄子笔下将超越者那宇宙性的伟大与礼教世界的渺小两相对比，发出声声赞叹，为故事开辟了新的主旨与情节。

"相与于无相与"说的是不曾意识到相交的交情，也就是无心之交。"相为于无相为"指的是摒弃了一切人为之举，纯粹自然的行为举止，也就是所谓的"无为之为"。"能登天游雾，挠挑无极"展现了超越者向着不受拘束的绝对自由之界飞翔的姿态。"相忘以生，无所终穷"体现的是忘却生死，与超越时空限制的实在本身相冥合。如果有人能够真的做到这般交"无心之交"、行"无为之为""向着绝对世界的飞翔""与实在本身的冥合"的话，那么这些人必定是十分希望彼此成为朋友的。"三人相视而笑"表达的是他们对这一境界付以微笑，同时在心中认同彼此的动作。"遂相与友"——如此这般，他们之间超越性的交情便产生了。

莫然有间，而子桑户死，未葬。孔子闻之，使子贡往待事焉。或编曲，或鼓琴，相和而歌曰："嗟来桑户乎！嗟来桑户乎！而已反其真，而我犹为人猗！"子贡趋而进曰："敢问临尸而歌，礼乎？"二人相视而笑曰："是恶知礼意！"

"莫然"指平稳无事之态。"莫然有间，而子桑户死"说的是在那之后，过了几天平淡无奇的日子，不久后，子桑户便去世了。当他的丧事还没办完的时候，孔子听说了此事，便吩咐门下弟子子贡前去协助办理丧事。

子贡来到子桑户家中，却看到死者的莫逆之交孟子反与子琴张二人，竟然将尸体晾在一旁，一个人坐在地上编草席，一个人在旁边弹琴，两人合唱出了一首五言歌。

嗟来桑户乎！　　啊！子桑户啊！

嗟来桑户乎！	啊！子桑户啊！
而已反其真，	你已经回归了你本来的姿态了，
而我犹为人	而我还在人世间品尝苦闷
猗！	啊！

子贡一路小跑，来到了歌声的源头处。

"打扰一下。"

他向正在弹唱的二人说道。

"死者尚未入土为安，你们却在尸骨面前唱起歌来。这还能算得上是合乎于礼的行为吗？"

孟子反与子琴张二人没有回答子贡的提问，相反，他们相视一笑。边笑，边用眼神与对方交流：

"这个家伙对于礼的真正含义可是半点儿也没有领悟到啊。"

文中"往待事焉"的"待事"指的是帮忙操办丧事。"编曲"的"曲"同"苗"，指养蚕的草席（转引自《释文》中对李颐[1]观点的引用）。"是恶知礼意"想要表达的是，只将那些诸如以贡品供奉死者，为死者哭丧一类表面的行为看作礼，而不理解礼的根本精神在于悼念死者时真挚自然的情感。当庄子

---

1 《释文》应指唐代陆德明《经典释文·庄子音义》。《晋书·郭象传》称"先是注《庄子》者数十家"，如李颐的《集解》。李颐的身世，史无记载，不太清楚。但陆德明尚知其为"晋丞相参军，自号玄道子"（《经典释文·序录》）。他的集解本是三十篇（一作三十五篇），可能是在五十二篇本基础上的选注本。

写下这一句时，很有可能脑海中浮现的是孔子"丧，与其易也宁戚"（《礼记·檀弓》）或是"礼云礼云，玉帛云乎哉"（《论语·阳货》）的言论，故而庄子便以此来揶揄子贡的世俗性。

> 子贡反，以告孔子曰："彼何人者邪？修行无有而外其形骸，临尸而歌，颜色不变，无以命之。彼何人者邪？"孔子曰："彼游方之外者也，而丘游方之内者也。外内不相及，而丘使女往吊之，丘则陋矣！彼方且与造物者为人，而游乎天地之一气。彼以生为附赘县疣，以死为决疣溃痈。夫若然者，又恶知死生先后之所在！假于异物，托于同体；忘其肝胆，遗其耳目；反复终始，不知端倪；芒然彷徨乎尘垢之外，逍遥乎无为之业。彼又恶能愦愦然为世俗之礼，以观众人之耳目哉！"

另一边，在孟子反和子琴张面前百口莫辩的子贡回到孔门，向孔子请教。

"那帮人到底是什么人啊。'修行无有而外其形骸'——没有任何能入眼的修养德行，对人的态度又我行我素，无视外在，全然不把礼仪放在眼里。'临尸而歌，颜色不变'——在友人的尸骨面前放声歌唱，从头到尾没有任何感到难过羞愧的意思。'无以命之'——我全然找不到任何词语能够用来指代他们这种奇怪的存在。这些人的心理到底是个怎样的状态啊。"

孔子答道：

"那些人是'游方之外者'，也就是生活在世俗礼教规范之外的人。他们和我这种'游方之内者'，被世俗礼教规范束缚着的人，是完全不同的。'方内'与'方外'二者，是完全不在同一维度上的，属于两个不同的世界。明知如此，我却还是让你去找那些人奔丧，可见我也是个见识短浅的肤浅之人啊。'彼方且与造物者为人，而游乎天地之一气'——他们与创造了天地的绝对者相比肩，乘在一切万物的生灭变化所遵循的宇宙本质——'气'之上，都是在宇宙中阔步前行的大人物。

"'彼以生为附赘县疣，以死为决疡溃痈'——对他们来说，生犹如身上长出的多余的肉瘤和肉疣，乃是可有可无之物。死则仿佛化脓的肿块或丘疹，不过是净化肉体的生理过程的一环罢了。

"'夫若然者，又恶知死生先后之所在'——对于他们这种置身于如此境界之人来说，生死之间何者价更高，何者在先，何者在后这样的事情，是根本不会成为问题的。

"'假于异物，托于同体'——对他们来说，人类的存在，只是借由数种不同物质而形成的独立肉体，是一种外在形态，一种由气的聚散离合组成的临时现象。

"'忘其肝胆，遗其耳目'——他们悉知人类的肉体只是暂时的外在形态，因此便不会执着于这一时的肉体所拥有的肝胆、耳目等器官，就连这些器官的功能，比如分泌作用或是感知功能，都被忘却。这使他们得以超越于这一切之外。

"'反复终始，不知端倪'——一切存在的生灭变化犹如潮起潮落，周而复始，无限循环，人们无从追溯其源头，亦无以穷尽其终焉。

"'芒然仿徨乎尘垢之外，逍遥乎无为之业'——因此他们舍去自身全部的自作聪明与偏见思虑；他们无念无想，在差别区分的世界之外漠然徘徊，委身于自然，在无束的自由之中逍遥而游。

"'彼又恶能愦愦然为世俗之礼，以观众人之耳目哉'——这便是超越者。"孔子如是说着，为这段解答谱上了最后的尾音："所以对他们来说，纷繁杂乱烦不胜烦的世俗礼教规范，自然是根本不能算作问题。他们只在乎那些超越了形骸的事物，从不去关注那些为夺人眼球、赢得世人赞誉而为之的形式与礼教。"也就是说，他们是游于"方外"，即世俗规范之外的人。

在这里，我们有必要对"方内""方外"这二词做一些补充说明。

"方内""方外"中的"方"，指的是规范或限制。因此，所谓"方内"，便是礼教规范之内的世界，即世俗世界。"方外"则是超越了礼教规范的世界，也就是超越者的世界。值得一提的是，庄子式的超越者与方外者之间仍有区别。的确，方外者意味着超越世俗。从这一角度来说，他们确实同属超越者范畴。但方外者是否能直接与庄子式的超越者相等同？在说明这一点之前，需要对《庄子》中的超越者所拥有的性格进行一番梳理。

《庄子》中，超越者即自由人。所谓自由人，必然是超越了一切对立，甚至是内与外的对立之人。而超越内与外的对立，则意味着非内非外，却又亦内亦外。因此，真正的超越者在身处方外的同时，亦置身方内。换言之，应称之为"无方之人"。"无方之人"是成为真正自由之人，也就是超越者的前提。若是一味拘泥于方外这一立场，那么这种拘泥所带来的束缚，与方内的立场所造成的束缚便无甚区别了。因此，孔子在文中将自我称为方内者，将庄子式的超越者称为方外者，这其实不过是权宜性的区分。而庄子式的绝对者则与这种区分无关，确切说来应是同时包容超越了方内与方外的"无方之人"。与"方内"相对而言的"方外"只是为了说明有着这一界限而使用的词罢了。当我们充分理解到"方外"这一概念所含有的局限性时，我们才真正能够捕捉到这贯穿了《齐物论》与《人间世》的、庄子式超越者的本质。

　　子贡曰："然则夫子何方之依？"曰："丘，天之戮民也。虽然，吾与汝共之。"子贡曰："敢问其方？"孔子曰："鱼相造乎水，人相造乎道。相造乎水者，穿池而养给；相造乎道者，无事而生定。故曰：鱼相忘乎江湖，人相忘乎道术。"

接下来，子贡听了孔子对于"游方之外者"的说明，问道：

"老师，您方才将自身称为'游方之内者'，那么，您所遵循的'方'，也就是生活的规范，具体是怎样的呢？"

"我是受上天惩戮的罪人，也就是命中注定要在世俗世界沉浮之人。但是，我仍然同你们一样，想要努力成为他们那样游于超越世界的超越者。"

"那您具体又是怎样努力的呢？"

"只有在水中，鱼才能真正成为一条鱼。也正是因此，只要掘地为池，放鱼入水，鱼便能自然生长。同样，人之所以成为真正的自我，是因为有道。遵循道之自然，摒弃人为，无思无为，将自身被赋予的当下，仅看作当下而活，便能够得到真正充实的人生。有言道，'鱼相忘于江湖，人相忘于道术'。鱼儿在浩渺的江河湖海中享受真正的解放，人们在万物齐同的实在本身中忘却一切主观人为，由此，才能够逍遥于无拘无束的生命的自由中。"

"天之戮民"与《德充符》中叔山无趾用来评论孔子的那句

"天刑之"异曲同工，皆是用来形容那些背负着在世俗世界中沉浮之命运的人。"相造乎水"与"相造乎道"二句中的"造"与"成"相同。"无事而生定"的"定"，此处援引清代俞樾的解释，可视作是将"足"字误写而成的。《在宥》中有"举天下以赏其善者，不足；举天下以罚其恶者，不给"的写法，其中"足"与"给"成对出现的例子可为这一说法佐证一二。"鱼相忘乎江湖"一句在本篇开头处（本书第 210 页）便已出现过。

　　子贡曰："敢问畸人？"曰："畸人者，畸于人而侔于天。故曰：天之小人，人之君子；人之君子，天之小人也。"

子贡最后问道：

"老师，我突然想到，有个词叫'畸人'。看到孟子反与子琴张的行事风格，我莫名就想到了这个词。可这究竟是什么意思呢？"

"所谓畸人，指的是'畸于人'——和世俗之人相比，总是有些不太一样之处。但是，畸人却能够'侔于天'——与天，即自然理法之间形成完美的平衡。你应该知道，有句话叫作'天之小人，人之君子；人之君子，天之小人'。即便在绝对世界被称为理想之人，在世俗眼中不过是区区鼠辈；而世俗世界中的杰出之辈，在绝对世界看来，也不过是小人一个罢了。这反映的便是超越者的世界与世俗世界之间迥然不同的价值观

240

念。也难怪你对孟子反与子琴张的伟大之处百思而不得其解。庄子式的绝对者对世俗之人从来都是异常的存在。因为他们对世俗来说是毫无用处的人。"

"畸人"的"畸"指的是不平衡的、无意义的、无目标之意。庄子式的绝对者被冠以"畸"之一字，这一现象背后，掩藏着庄子对常识的挑战和他对凡俗的揶揄（《人间世》中的"支离其德""散人"等表达，也应与此有关联）。"天之小人，人之君子；人之君子，天之小人"一句，正如现代学者奚侗所说，改为"天之君子，人之小人；人之君子，天之小人"则更合理。若保持原句结构，便只是相同语义之句变换顺序后重复一遍罢了，不免使人到奇怪。唐代的抄本中也有曾写为"天之君子，人之小人"的先例。

颜回问仲尼曰："孟孙才，其母死，哭泣无涕，中心不戚，居丧不哀。无是三者，以善丧盖鲁国，固有无其实而得其名者乎？回壹怪之。"仲尼曰："夫孟孙氏尽之矣，进于知矣，唯简之而不得，夫已有所简矣。孟孙氏不知所以生，不知所以死。不知就先，不知就后。若化为物，以待其所不知之化已乎。且方将化，恶知不化哉？方将不化，恶知已化哉？吾特与汝，其梦未始觉者邪！且彼有骇形而无损心，有旦宅而无情死。孟孙氏特觉，人哭亦哭，是自其所以乃。且也相与'吾之'耳矣，庸讵知吾所谓'吾之'乎？且汝梦为鸟而厉乎天，梦为鱼而没于渊。不识今之言者，其觉者乎？其梦者乎？造适不及笑，献笑不及排，安排而去化，乃入于寥天一。"

第四则故事。

这段故事借由颜回与孔子的问答，赞美了超越者孟孙才的伟大生活。同时说明了，对庄子式的自由人来说，不仅是生与死、物与我这二种矛盾对立被视为同一，甚至连梦与现实的区别同样也属于主观的妄执。

"孟孙才，其母死，哭泣无涕，中心不戚，居丧不哀"说的是这个名叫孟孙才的男子，母亲死后也不曾痛哭流涕，充其量不过是摆了摆哭丧的样子而已，内心深处没有任何对死亡的悲痛与哀叹，服丧期间也丝毫不见任何悲伤的神情。所谓"是三者"，指的是哭泣流泪、哀伤悲痛、服丧哀悼三者。这三者本是世间常识中送别死者时应有的态度，孟孙才没有做到其中任何一条，却在鲁国博得了极好的名声，人们都说他为母亲举行了一场最隆重的悼念。所谓名声，本应伴随着实际行动，但孟孙才明明言行薄情寡义，竟然能得到如此高的评价，究竟是为什么呢？实在是太令人费解了。——颜回如是向孔子请教道。

"仲尼曰，夫孟孙氏尽之矣，进于知矣"——"尽之矣"意为丝毫没有做出该事的打算。"进于知矣"则是维度过高，以至于常识无法理解的行为。

"唯简之而不得，夫已有所简矣"——对于像他这样的超越者来说，世俗中肤浅的礼仪毫无意义。可"入'俗'随俗"，全然无视亦不可取，所以他才勉强在表面上遵守了世俗的习惯。与那些用纷繁杂乱的虚礼与歪曲真实自我的伪善凡俗相比，他明显简略了不少，仅仅保留了最低限度的形式。

"孟孙氏不知所以生，不知所以死"——孟孙才从未思考过自己为何而生，又为何而死，不过是顺应自然而生，又遵循自然走向死亡罢了。"不知就先，不知就后"——他从不疑惑生与死何者在先，何者在后。"若化为物，以待其所不知之化已乎"——顺应造化礼法生而为人，而静待着那超越了自我意志与选择的自然变化——死亡。

"且"——而且——孔子进一步加深了他的论述。"方将化，恶知不化哉？方将不化，恶知已化哉"——化与不化这种说法，本身就完全是一种相对的概念，是一种主观区分的偏见。若从万物齐同之道出发，化也许便是不化，不化也可能是化。因此，你我这类张口闭口便是化与不化之人，固守着这种偏见对立，盲目执着于生与死的区别，都是还未能彻底看透实在的真相，还未从梦中清醒之人。

而且，"且彼有骇形而无损心，有旦宅而无情死"——对于那孟孙才而言，死亡仅是外形上的变化，只有形骸才会因死亡而消亡，精神则不会受影响。肉体是精神的临时居所，只有肉体会受死亡的威胁，精神的本质则会依然健在。

"孟孙氏特觉"——他是世俗的迷妄之中唯一清醒的人。"人哭亦哭"——清醒的虽只有他一人，不，应该说正是因为清醒之人唯他一人，他才没有以贤者自居，而是在世俗之中韬光养晦，与他人一同哭泣，与他人一同欢笑。"是自其所以乃"——所以当母亲去世时，他虽并不悲伤，却装作遵守习俗之态，貌似遵循礼教，实则远远超越于其之上。这便是他被颂为最理想的葬礼实践者的缘由。

"且也"——而且——"相与'吾之'耳矣"——人通常会为自身立场所困，将自我定为是，将他者视为非。但我与物本身就是相对的差异，如若能意识到这一点，"庸讵知吾所谓'吾之'乎"——便会产生此种疑问：当自我最终判定某物为真正的自我，是绝对之物时，这一事物究竟是否真为绝对？是否真的是真正的自我？我希望那个将孟孙才的行为看作怪异之举的你能够认真反省这一充满了相对概念的世俗立场。

"而且"，孔子最后说道："并非只有物与我的对立为相对，梦与现实的对立皆是像常识对事物的区分一样，同样并非绝对。人时常梦见自己化身为鸟，翱翔于天际；化身为鱼，潜游于深渊。在梦中，梦便是唯一的现实，对做梦之人来说，只有梦境才是唯一的真实。所以，现下被你当作是现实的现实，也有可能是梦；你认为是梦的，也有可能是现实。我与物相冥合，梦境与现实相混淆，实在的真相便是在这冥合与混淆——对人为偏见的摒弃——之中才能够得以显现。道——真实在——是伟大的混沌。因此'造适不及笑，献笑不及排，安排而去化，乃入于寥天一'——之所以人会被是非偏见所困，一味否定他人，是因为未能欣然肯定他人。欣然肯定他人，便能忘记善恶的对立，但却做不到彻底委身于一切存在的变化与推移。只有当人安于变化，随着一切变化的推移而变化，甚至连变化为何物都已然忘记时，人才能够第一次进入永劫的、寂寥的'一'的世界。"

此处值得品味的，是孔子所说的"汝梦为鸟而厉乎天，梦为鱼而没于渊。不识今之言者，其觉者乎"这一段内容。"梦为鸟""梦为鱼"与《齐物论》中"梦为蝴蝶"源自同一灵感。"不识今之言者，其觉者乎"一句同样在强调，只有在与实在相冥合，在梦境与现实相混淆后，才能进入恍惚茫昧的境界，才能够最终成为可能。庄子所说的道——实在——指的是超越了人类认识、杜绝了形象概念的"伟大混沌"。这混沌，又建立在人们抛弃自身偏见，遗忘言知的前提下。换句话说，就是在人类精神的混沌化之中才能与之合而为一。精神的混沌化，意味着一切时间观念的消失，一切空间概念的虚化。在那里，不仅生与死、物与我的对立被还原为初始的"一"，被人类心知割裂的、梦境与现实的区别也会同样成为一体。真正与道相结合而得以解放的生命便是由此开始的。所以，庄子才写下了这样的情节，让孔子将他与颜回的对答置于梦境与现实的混淆之中不断混沌化。"不识今之言者，其觉者乎？其梦者乎？"——孔子将自己所言置于梦境与现实的混淆之中，使其混沌化，同时，在这一过程之中，不断向庄子式的绝对者靠拢。

文中"进于知矣"与《养生主》的"进于技矣"类似，指孟孙才的世界进入了心知以上的境界，超越了概念认识。"若化为物"的"若"同"顺"，"化"指生灭变化着的理法自然。"所不知之化"指未来的变化，也就是死亡。"且宅"二字自古以来便有多种解释，至今未有定论，"且"应与"化怛"的"怛"相同，意为忌惮。"宅"指心灵居所，也就是肉体。"且宅"应可看作将上句的"骇形"换了一种说法又说了一遍。"是自其所以乃"的"乃"同"而"，意为如此。"厉乎天"的"厉"同"至"。最后的"造适不及笑，献笑不及排"一句为难句，"适"可视为是"谪"的假借字，"献"则可看作"熙"的假借字（皆引自马叙伦的观点）。"谪"有责备、谴责之意，"造谪"则是指揭露他人的弱点并加以指责。"熙"意为享受。"熙笑"则是指与他人和谐相处，肯定对方的一切。"排"指并列，也就是与自然理法比肩，"与造化为友"的说法与之大致

246

相同（郭象将化解释为推移，本质上是一样的）。"寥天一"的"寥"是曾用于形容老子之"道"的表现，可参照"寂兮寥兮"中的"寥"来理解。"天一"指绝对的"一"。

意而子见许由，许由曰："尧何以资汝？"意而子曰："尧谓我：汝必躬服仁义而明言是非。"许由曰："而奚来为轵？夫尧既已黥汝以仁义，而劓汝以是非矣。汝将何以游夫遥荡恣睢转徙之涂乎？"意而子曰："虽然，吾愿游于其藩。"许由曰："不然。夫盲者无以与乎眉目颜色之好，瞽者无以与乎青黄黼黻之观。"意而子曰："夫无庄之失其美，据梁之失其力，黄帝之亡其知，皆在炉捶之间耳。庸讵知夫造物者之不息我黥而补我劓，使我乘成以随先生邪？"许由曰："噫！未可知也。我为汝言其大略：吾师乎！吾师乎！赍万物而不为义，泽及万世而不为仁，长于上古而不为老，覆载天地、刻雕众形而不为巧。此所游已！"

第五段故事记录了意而子与许由的对白。

许由是曾在《逍遥游》中出场的古时隐者。意而子恐怕是故事的作者信手捏造出的名字。二人的对白背后是对道之伟大进行的赞颂，说明了生命之中真正的规范不在于仁义礼乐一类刻意的作为，而是在于道法自然的无为。

　　一日，意而子前来拜访许由。

　　许由："听闻你近日曾见过那被称为圣人的尧。不知你是否从尧处得到了什么教导？"

　　意而子："尧是这般对我说的——你尽管努力践行仁义，万事皆要用知对待，要明辨是非。"

　　"天啊，这可不得了。那么你如今又为何来我这里？那个不成器的尧啊，简直是要在你身上纹下仁义的刺青，留下仁义的疤痕；还要用是非的利刃，削下你的鼻梁。事到如今，你就算来找了我，也无法逍遥游于'夫遥荡恣睢转徙之涂'，也就是那遥远无际的超越者的世界之中。"

　　"即便无从进入，我想，起码可以在其外沿游走。"

　　"不可，不可。毕竟对于盲人来说，美女与木偶没什么区别，华丽的衣裙和破衣烂衫都是一样的。"

　　"但不是有这样一件事吗？很久以前，有一个名叫无庄的美丽女子，在求道时忘记了自己相貌的美丽；有一个名为据梁的勇士，求道时忘记了自己勇者的身份；一个叫作黄帝的智者，求道时则忘记了自己本身为智者。一切金属在冶铸师手中都能够熔化淬炼，同样，我听说，在道之中，所有人都能够被陶冶。所以，哪怕是我，也不一定就毫无可能。说不定造物之神为我消去了刺青的印记，为我重新装回了被削掉的鼻子，让我以健全的身躯前来向老师您请教啊。"

"如此说来，倒也不无可能。那我便将一些极为笼统的内容说与你听吧。

"啊！道是我的老师，道是我的老师！它遵循一切存在的特点，将他们碾碎平分，却从未意识到自己践行的大义；它将无限的恩惠赋予世间万物，却从未将自己的行为看作仁。自开天辟地以来，已然经历了悠久的时间，可它从不会认为自己是古老的存在。天覆盖世间万物，地承载纷繁万象，而它则在天地之上，赋予万象以形态，却从不认为自己是优秀的艺术家。那些口中念着人类的智慧和技巧、人类的爱与正义的人，在它面前，近似于无物。道便是如此伟大。而我则是在这伟大之道中逍遥而游的人——以大自然之理法为师的超越者。"

文中"而奚来为轵"的"而"同"汝"，"奚"同"何"。"轵"是助词，用于调整声韵。"黥"与"劓"都是刑罚之名。"黥"是在犯人身上刺青，"劓"是削去罪人的鼻子。"藩"指边界。"黼黻"是有刺绣花纹的礼服。"无庄"是古时候美女之名，有观点认为是《齐物论》所提的毛嫱的谐音。"据梁"是过去对大力士的称谓。"黄帝"是本章开头处得道升仙的传说中出场的帝王之名，被视作拥有圣知的人。"炉捶"的"炉"是用来熔化金属的火床，"捶"则是敲击熔化的金属以锻造的动作。"在炉捶之间耳"是指经过了锻冶与陶冶后得到的东西。"齑万物"的"齑"意为粉碎，分割。此处用于表达分割裁量万物之意。

　　颜回曰："回益矣。"仲尼曰："何谓也？"曰："回忘仁
义矣。"曰："可矣，犹未也。"他日复见，曰："回益矣。"
曰："何谓也？"曰："回忘礼乐矣！"曰："可矣，犹未
也。"他日复见，曰："回益矣！"曰："何谓也？"曰："回
坐忘矣。"仲尼蹴然曰："何谓坐忘？"颜回曰："堕枝体，
黜聪明，离形去知，同于大通，此谓坐忘。"仲尼曰："同
则无好也，化则无常也。而果其贤乎！丘也请从而后也。"

　　第六段故事，是著名的坐忘之说。所谓"坐忘"，指的是
坐着忘却一切（与《人间世》的"坐驰"相反）。根据庄子本
人的解释，"坐忘"是堕弃身体、放下心知、脱却一切身心束
缚，与道为一体的境界。简言之，就是《齐物论》中"吾
丧我"的境界，是禅家所说的"打失身心"之境况。故事之
中，庄子一边嘲笑孔门的标志性口号——仁义礼乐，一边强调
要超越一切人为行为的渺小，才能进入超越者的世界。"仲尼蹴
然曰"中，"蹴然"说的是面容一肃。最后的"同则无好也，化
则无常也"指一旦与万物齐同的道化为一体，便不会因好恶爱憎
等妄执而内心纷乱；只要与变化流转的道本身合而为一，便能够
获得不局限于任何一处的自由无束的生活。"无常"意为不固定，
不拘泥于单一事物。"而果其贤乎"应是仿拟《论语·雍也》的
"贤哉回也"一句而作的。"丘也请从而后也"——庄子在满面的
笑容之中，用自己的才华抒发着对孔子的揶揄。

250

　　子舆与子桑友。而霖雨十日，子舆曰："子桑殆病矣！"裹饭而往食之。至子桑之门，则若歌若哭，鼓琴曰："父邪！母邪！天乎！人乎！"有不任其声而趋举其诗焉。子舆入，曰："子之歌诗，何故若是？"曰："吾思夫使我至此极者而弗得也。父母岂欲吾贫哉？天无私覆，地无私载，天地岂私贫我哉？求其为之者而不得也！然而至此极者，命也夫！"

　　《大宗师》最后一段故事，有着与第二段及第三段故事相近的主旨。这段故事的两位主人公之中，子舆是第二段故事中出场的四人组的成员之一。子桑则很有可能是第三段故事中的子桑户。故事通过二人的交谈，说明了人之贫富、贵贱、穷达、寿夭皆为天命，只要能够安于这天命，便能够得到超越了一切悲伤、哀叹与恐惧的生命之喜。结尾处的"命也夫"三字中，"命"同样也是人们应该诚信尊崇的老师——大宗师。《大宗师》以这"命"之一字收束全篇的论述，在读者心中留下袅袅余音，经久不衰。

　　"子桑殆病矣"一句，子舆说，这阴雨的天气连绵了数日，自己那本就一贫如洗的朋友子桑，肯定是要撑不住了。于是子舆便打包了饭食，去探望子桑。刚行至子桑家门口，便听见琴声伴着一阵既不是歌声，亦不是哭声的奇特声音悠悠传来。这歌的歌词"父邪！母邪！天乎！人乎"是子桑在自问：这悲惨的命运究竟是父母带来的因果，还是命运对他的恶作剧？ "有不任其声而趋举其诗焉"——子桑嘴上虽不说自己坚持不下去了，但却气喘吁吁的用歌唱了出来。于是，子舆走进子桑家门，询问子桑发生了什么事。子桑回答道：

"不管我如何绞尽脑汁，都想不通自己为何会过着这般苟延残喘的卑微生活。我的父母不可能会希望自己的孩子遭遇不幸，因此想必不会是父母的缘故。上天的安排又不可能存在主观的偏颇，所以这也不是因为宇宙意志的差别待遇造成的。到头来，还是'命'，也就是超越了人类认识的自然理法，所谓的'不知其然而然[1]'之自然罢了。"

子桑这般说罢，于末尾之处以一 "夫" 字结尾。 "夫" 在这里是表感叹的语气词。

---

1 《庄子·外篇·达生》：不知吾所以然而然，命也。

应帝王 第七

　　《逍遥游》描写了绝对者至高的超越,《齐物论》阐述了至高超越背后的逻辑依据;《养生主》与《人间世》聚焦于超越者生活在现实之中的处世智慧——保全自我,与世相交之术。至于《德充符》与《大宗师》,则是勾勒出了超越形骸之人,也就是真人的面目,随即歌颂了道之伟大。行文至此,庄子最后将视线转向了绝对者的治世之术,阐明他们身居高位时展现出的特性。

　　应帝王,指应为帝王之人。言外之意在于,庄子式的超越者是精神世界的绝对者,其绝对性决定了他在现实世界之中也必将成为最高统治者——帝王。庄子式超越者的为政思想,是无为之政,是否定政治的政治。庄子认为,只有认同一切万物的自然性,只有停止一切人为之举,真正和平的社会才会诞生。一切万物皆以绝对者为蓝本,在绝对者体得的道之中,为绝对者所感化。当所有人都与道融为一体时,终会实现真正自由的世界。《应帝王》所揭示的,是绝对者的无统治的统治,

"无为自然之治"。

> 啮缺问于王倪，四问而四不知。啮缺因跃而大喜，
> 行以告蒲衣子。蒲衣子曰："而乃今知之乎？有虞氏不及
> 泰氏。有虞氏其犹藏仁以要人，亦得人矣，而未始出于
> 非人。泰氏其卧徐徐，其觉于于。一以己为马，一以己
> 为牛。其知情信，其德甚真，而未始入于非人。"

《应帝王》由六段故事组成。

第一则故事——借由啮缺与蒲衣子的对话来阐述绝对者否
定一切人为之举的统治观——"非人"。这是一种在忘却仁义、
忘却是非后方可进入的，仅在万物齐同之境界中才能成立的
观念。

"啮缺问于王倪，四问而四不知"——啮缺四次提问于王
倪，王倪连续四次答曰不知。这件事在《齐物论》里有详细的
记录。"啮缺因跃而大喜"——啮缺之所以高兴得跳了起来，是
因为他终于顿悟，道超越了人们的概念意识，真正的"知"便
是"不知之知"。"行以告蒲衣子"——蒲衣子与《庄子·外篇》
中《天地》及《知北游》出现的被衣子应为同一人物。据载，
蒲衣子乃王倪之师（《天地》）。

"而乃今知之乎"是在说，你竟然现在才意识到这一点，
未免太大意粗心了。"有虞氏不及泰氏"——有虞氏指的是被

254

儒家奉为圣天子的舜。泰氏为太古帝王之名。唐代成玄英认为太（泰）昊氏即指伏羲。"有虞氏其犹藏仁以要人，亦得人矣"——彼时，舜刻意彰显自己的仁爱之心，期待从他人身上看到成效，即他施行的是有意为之的仁政。虽最终也能让人民对自己的德行产生敬仰之情。"而未始出于非人"——但这至多只是刻意的仁爱，是人为之举，并非出自超越人为之天真的绝对之爱。

泰氏则不同。他有着否定一切人为行动的绝对境界，因此"其卧徐徐，其觉于于"——他睡卧时安然祥和，无任何思虑；清醒时睁着一双虚无的眼，茫然四顾（徐徐指安宁之态；于于同盱盱，睁大眼睛看）。他立足于无我且是非浑然一体的万物齐同之境，因此"一以己为马，一以己为牛"——别人称他为马，他便任人称呼；别人称他为牛，他也随人这般叫他，从不因差别观念造成的偏见而与他人争论。"其知情信，其德甚真"——他的智慧背后有着无伪明证的支撑，他的德行中充溢着毫无造作的真实。这智与德和光同尘，将自身的光芒隐于世俗之中。"而未始入于非人"——他并未云隐于非人为的绝对世界之中，而是置身于世俗，与世人同在。泰氏就是这样一个"出于非人而入于非人"之人。他超越于世俗之人以外，同时又与世俗之人同在。他施行的政治，是排除一切人为作为的无为自然之治。

　　这里的"非人"，指的是"非为人"之物，也就是天。"出于非人而入于非人"是一句能够用来概括庄子式绝对者的表现。庄子定义的绝对者，是在世俗世界的九万里高空之上展翅飞翔的绝对者，同时，他们落于尘世，与世俗尘埃一同游戏，是"污渎的游戏者"。他们超越世人，却又身在世人之中；超越在凡尘之外，却又逍遥于凡尘之间。这才是庄子式绝对者的绝对自由。如果否定人类，唯独执着于至高的超越世界，那么这执着便与世人对世俗的妄执一样，同属于不自由的范畴之中了。故庄子在提出"出于非人"的超越时，随即便强调"入于非人"，回归现世。置身于天而不为天所困，立足于世人之中而不为世人所缚。这是庄子式绝对者真正的自由，是绝对者的政治统治所需的必要前提。

　　肩吾见狂接舆。狂接舆曰："日中始何以语女？"肩吾曰："告我：君人者以己出经式义度，人孰敢不听而化诸！"接舆曰："是欺德也。其于治天下也，犹涉海凿河而使蚊负山也。夫圣人之治也，治外乎？正而后行，确乎能其事者而已矣。且鸟高飞以避矰弋之害，鼷鼠深穴乎神丘之下以避熏凿之患，而曾二虫之无知？"

第二段故事。

这段故事讲述了狂接舆与肩吾的对话，说明绝对者的政治，并非藉由烦琐礼教规范而施行的强制干涉之政。在绝对者的政治中，统治者自己便是真正的绝对者，他的绝对性能够解放一切万物的自然性，因此这是一种自由与放任的政治。肩吾是早在《逍遥游》及《大宗师》中出现过的人物，狂接舆也曾在《逍遥游》与《人间世》中登场（《逍遥游》中，肩吾曾经向接舆围绕姑射山神人展开过对话）。

"日中始何以语女"——"日"同"日者"，有先前、前日之意（清代俞樾之解）。"中始"是古时贤人之名。——狂接舆问道，听说你之前去拜访了那个中始，他和你说了什么？

肩吾答道：中始是这样说的——

君临百姓之人，若是能主动施行仁义礼乐之教，让人民遵从规范法度，人民便会听从他的教导，被他的德行感化。

"是欺德也"——接舆听了中始之言，立即表示反对。他认为那是自欺欺人的虚伪德行。"其于治天下也，犹涉海凿河而使蚊负山也"——用这种方法来治天下，就仿若是要用双脚徒步横渡大海，用双手和凿子挖掘运河，让蚊子背负大山一般，无谋至极。

"夫圣人之治也，治外夫"——你说，真正得道的绝对者所施行的政治，怎么会是试图去治外的政治？从表面用礼教强行规范、束缚人们的行为，那会歪曲自然，使其窒息，万不可取。得道者的政治须要治内——首先自身先要正确体得天道，在这天道的基础上，施行无为自然的教化，也就是所谓的"正而后行"的政治，这才是绝对者的政治。"确乎能其事者而已矣"——他悉心治理内在之物，只专注于解决自身的问题，从未产生过支配他人的念头。

而且——接舆继续说——空中有飞鸟，地上有鼷鼠。鸟不需教导便能够高飞，从而躲避矰弋——用来射鸟的武器；鼷鼠无需教导便知道躲进祭坛下的土地之中，以防被人类烟熏挖捕。连这些鸟兽都能具备这样的本能，人被称为是万物之灵长，又怎么可能连鸟兽之智都不及呢？放任人民回归这种自然之知，才是最重要的。绝对者将这种放任与自由看作统治的第一原理。

"经式义度"为规范法度，指仁义礼乐之教（义同仪）。"深穴乎神丘之下"中"神丘"指的是社里祭祀土地神时使用的神坛（关于社的解释，请参考《人间世》中对栎社的说明）。"重"可看作"熏"的误写，"熏"同"燻"。"二虫"指代鸟与鼷鼠。"虫"是古代中国指代动物时普遍使用的说法，人类在当时的人眼中也属于一种虫。

天根游于殷阳，至蓼水之上，适遭无名人而问焉，曰："请问为天下。"无名人曰："去！汝鄙人也，何问之不豫也！予方将与造物者为人，厌则又乘夫莽眇之鸟，以

258

出六极之外，而游无何有之乡，以处圹埌之野。汝又何帛以治天下感予之心为？"又复问，无名人曰："汝游心于淡，合气于漠，顺物自然而无容私焉，而天下治矣。"

第三段故事，记叙了天根与无名人的对话。

这段对话意在说明，只要支配者摒弃自己的主观意念，将万物委任给自然的生灭变化，那么无需刻意治理，天下便会自治。殷阳乃地名。蓼水为河川名，流经今山西省一带。

一天，一个名叫天根（天根二字本意为大地，此处应是一个具备成为超越者素质的人）的男子于殷山之南游玩，来到了蓼水河畔。在河岸边，他偶然遇到了另一男子，名叫无名人。天根一眼便看出，这无名人必定会成为有道者，便向他提问：

"您可否说与我一些统治天下之法？"

无名人冷不丁被这突如其来的问题吓了一跳，骂骂咧咧地答道：

"你等俗人，快从我眼前消失！你提的这是什么扫兴的问题！狗眼看人低也要有个度！我可是远远超脱于世俗之外的人，与天地万物的创造者如友人一般游戏，倦了便歇在无垠晴空中翱翔的飞鸟的翅膀之上，一同飞向宇宙之外。我在'无何有之乡'，也就是不受任何事物限制的虚无世界之中，独自逍遥在极致的寂寞里。我伫立于没有任何遮蔽之物的无垠旷野——'圹埌之野'之上，独自一人品味生的自由。我本为超越者，而你却胆大包天，竟然拿统治之法这类俗事来扰乱我的内心！快滚，你这凡夫俗子！"

但天根并未因无名人的叱骂而放弃向他求教的机会。在天根的执着面前，无名人终于也妥协了——"那我就告诉你一句话吧。你可竖起耳朵听好了：让你的心在无欲恬淡的安然中游走，用宇宙性的寂寞来净化你的生命，将一切万物交给其本来的自然，灭却小我的一切恣意。这就是治理天下的最佳密策！"

"与造物者为人""六极之外""无何有之乡"这三句表达均在《大宗师》或《逍遥游》中出现过。"莽眇之鸟"的莽眇是指无垠的湛蓝天空。"圹埌"为无边际。"何帠"的帠同法。

阳子居见老聃，曰："有人于此，向疾强梁，物彻疏明，学道不倦，如是者，可比明王乎？"老聃曰："是于圣人也，胥易技系，劳形怵心者也。且也虎豹之文来田，猨狙之便执斄之狗来藉。如是者，可比明王乎？"阳子居蹴然曰："敢问明王之治。"老聃曰："明王之治：功盖天下而似不自己，化贷万物而民弗恃。有莫举名，使物自喜。立乎不测，而游于无有者也。"

第四段是阳子居与老聃的故事。

阳子居是于战国初期提倡快乐之说的杨朱，也可能单纯只是一个名为戎的人（引自唐陆德明之《音义》）。老聃自是指老子。这段对话还出现在《外篇·天地》中，并被改写成为孔子与老子之间的问答。故事的主旨是为了说明明王之治——也就是绝对者的统治——需要摒弃一切主观智巧作为，效法天道之无为无言，是一种无心忘我的统治。

一天，阳子居向老子提问道：

"有这样一个人，他头脑清晰，思维敏捷，意志坚韧，不为任何事物阻扰。而且，他还拥有参透一切事物之道理的洞察力，以及通达万事的渊博知识。他更是一个勤奋之人，无时不刻致力于精进学问，除探求真理之外无任何杂念。如何？如斯之人，必定是能够匹敌明王——有着明确德行的帝王——的优秀之辈吧？"

老子听罢回答道：

"不。此等之辈怎能与明王相比。他在明王面前，至多只是个跑腿的杂役，或是个献技卖艺的艺人罢了。这是文明的奴隶，让肉体饱受摧残，让心灵苦于恐惧的可悲之人。这样一个渺小之辈，怎能与明王相提并论？再者，人类的堕落与不幸，皆始于人类的知识及技巧。知与巧是人类亲手为自己挖下的生命陷阱。举例来说，虎豹之所以被猎人猎杀，失去纵横山林的自由，皆因其华美的皮毛。猿猴行动敏捷，狗能捕杀老鼠，它们的才能致使他们被关进牢笼，为人圈养。这又怎么能与明王相比较？"

阳子居被老子说得哑口无言，他思考了一番，复开口问道：

"那么是否能请您说明一下何为明王之治？"

"明王之治，是舍弃智巧的无为自然之治。明王有着能够容纳天下的伟大功德，而他本人却全然意识不到，这其实是他自身的能力。他的教化泽被万物，人民却还妄言未曾受过帝王的半分恩泽。他的影响确实存在，却由于那超越人类的伟大而无法用人类的语言形容。他的德化将芸芸众生悉数解放于生的安宁与欢乐之中。他自身则与超越于人们认识之外的道相融合，逍遥游于一切存在的根源之处——无之境界中。明王的政治，就是'无己无功无名'的政治。"

"向疾强梁"——"向"同响；"疾"为速；"强梁"是柔弱的反义词。

"物彻疏明"——"物彻"是洞彻事物之理。"疏明"的"疏"同通。

"胥易技系"这一表达十分难解，"胥"是胥徒、胥靡的胥，也就是奴隶、仆人。"易"意为治。"胥易"合在一起是以奴隶的身份做事的人，也就是被强加以严酷苦役的强制劳动者。"技系"的"系"同繁,"技系"指因身怀技艺得以做官之人,也就是手艺人。

"猨狙之便"中"猨狙"指猴,"便"同敏,意为敏捷。"执斄之狗"的"斄"在《天地》中写为"留"。留同鼬,指老鼠(马叙伦之论)。"来田"的"田"指狩猎。"来藉"的"藉"为牢之意;"来"意为招来。"蹴然"指表情一整之态。

> 郑有神巫曰季咸,知人之死生、存亡、祸福、寿夭,期以岁月旬日若神。郑人见之,皆弃而走。列子见之而心醉,归,以告壶子,曰:"始吾以夫子之道为至矣,则又有至焉者矣。"

第五段故事。

故事情节承接上文的"立乎不测,而游于无有"一句,叙述了郑国无所不能的预言者季咸在得道者壶丘子林面前出丑的逸事,以此体现出绝对者不能被任何人看透的深远超越性,以及不为任何事物凌驾的强韧主体性。神巫季咸之名在《书经·君奭》及《楚辞·离骚》中(皆写作巫咸)均有出现。关于壶丘子林的记录则可见于《列子》的《天瑞》《黄帝》《仲尼》《说符》诸篇中(《黄帝》直接摘录了这一段对答)。列子在《逍遥游》中"御风而行",是战国时期的哲人,相传他是壶丘子林的弟子。郑国的神巫季咸有着神秘的预言能力,有一次，列子受到季咸这种能力的蛊惑，深深为之折服。他回到老师壶丘子林之处，向壶丘子林剖白自己。由此拉开了故事的帷幕。

郑国有一名叫季咸的巫师，仿若拥有神赐之力。他能够预知人的未来，预测生死存亡、祸福寿夭。他的预言甚至能精确到具体的年月日，犹如无所不能的万能之神。郑国人在路上遇到他都会十分害怕，忍不住将手中之物砸向他，并落荒而逃。有一次，列子见到季咸，为他那不可思议的预言能力所折服，飘飘然地回到了老师壶丘子林处。

"老师，我一直以为没有什么能够胜过老师您的教导，但是我发现了世间至高无上的训诫。"

列子面色不平，如是向壶丘子林说。

壶子曰："吾与汝既其文，未既其实。而固得道与？众雌而无雄，而又奚卵焉！而以道与世亢，必信，夫故使人得而相汝。尝试与来，以予示之。"

壶子回答：

"看来你远不如表面看起来那般聪慧，也是个浅薄之人。道有两面——外形与实质。我至今教给你的是它的外形。至于道的实质，也就是道的作用，我还没有全部讲给你听。而你，难不成以为自己已经把这道领悟透彻了？

"俗话说，雌鸟再多，若没有一只雄鸟，又怎么会有蛋？万事皆是在两两相对后才能完整。反观你自己，到处炫耀自己比上不足的道，与世相争。你是想以此博得世人的信任，受世人敬仰吗？正是因为你如此肤浅，所以才会被区区神巫趁虚而入。你去试着把那个叫什么季咸的带来，让他也给我算算看。"

　　明日，列子与之见壶子。出而谓列子曰："嘻！子之先生死矣！弗活矣！不以旬数矣！吾见怪焉，见湿灰焉。"列子入，泣涕沾襟以告壶子。壶子曰："乡吾示之以地文，萌乎不震不正，是殆见吾杜德机也。尝又与来。"

第二天，列子按照吩咐将季咸带到了壶子面前。季咸看到壶子的面相之后，出了屋子，向列子说道：

"很遗憾，你的老师已经油尽灯枯，活不了多久了。最长也不过十天了。他的面相很是奇怪，犹如沾了水的灰烬，毫无生气。"

列子听了季咸的预言，双眼含泪，回到屋中，转述给壶子。但壶子却毫不慌张：

"方才我在季咸面前摆出的，用观相学的术语来说，叫作'地文'——大地之相。这是一种被称为'死亡之相'的面相，在大地无声的孤寂之中停止一切运动，将一切之形隐于静谧的混沌之中。也难怪他会预言说我将死。多半是因为窥探到了我的杜德机——封锁了生命迹象的寂静不动之境吧。你大可再把他叫来，看他这次会怎样说。"

"杜德机"的"杜"同闭；"德"指的是生成之现象，《周易·系辞传》中"天地之大德曰生"的写法可作为参考。"萌乎不震不正"的"萌乎"二字用来形容寂静无声之貌；"震"同动。有观点认为"正"字是"止"的误写，本书中则将其解为"定"之意。

　　明日，又与之见壶子。出而谓列子曰："幸矣！子之先生遇我也，有瘳矣！全然有生矣！吾见其杜权矣！"列子入，以告壶子。壶子曰："乡吾示之以天壤，名实不入，而机发于踵。是殆见吾善者机也。尝又与来。"

翌日，列子再一次带着季咸来到壶子面前。这次季咸看了壶子后，行至屋外对列子如是说：

"恭喜你，你的老师昨天见了我，受到我的庇佑，已无恙了。如今他一如常人，康健得很。我能从他今天的面相中感受到生命的气息。"

列子回到室内，将这件事告诉壶子。壶子听后说道：

"方才我在季咸面前，用的是'天壤之相'，代表着天地阴阳二气初次相容，万物渐生之态。这虽是一种无法命名、也无法捕捉的混沌状态，但就像他所说的，仿佛有一脉生气从深处溢出一般，象征着生命的拂晓。季咸看到的，必定是我的善者机——宇宙精神催生万物的作用。你可以再让他来一次，看看他又会说些什么。"

"杜权"是难解词，可理解为与外界相隔绝的静寂之中萌芽的生命之兆（马叙伦将权字视为萌的假借字）。

"善者机"中"善者"二字同样难解。如果排除书写错误，则可解释为宇宙生成作用的辅助之力。有一句可作为参考的表达，同样出自《周易·系辞传》："一阴一阳之谓道。继之者善也"（上文的"天壤"二字，应也同这一阴一阳有关）。

> 明日，又与之见壶子。出而谓列子曰："子之先生不齐，吾无得而相焉。试齐，且复相之。"列子入，以告壶子。壶子曰："吾乡示之以太冲莫胜，是殆见吾衡气机也。鲵桓之审为渊，止水之审为渊，流水之审为渊。渊有九名，此处三焉。尝又与来。"

又过了一天，列子第三次带着季咸来到壶子处。与前两次一样，季咸在看过壶子之相后走到院中，向列子说：

"每次看到你的老师，他都有不同的面相。像他这样变来变去，是没法下结论的。我需要一定不变之物来加以佐证。今天就先这样吧，等过一阵子我再来看看。"

壶子听了列子的转述，说：

　　"这次给季咸看的是'太冲莫胜'之相，也就是一切万物的对立与相克都在彻底的虚空之中升华为至高的'一'时所展现出的、根源处的虚无之相。他这次看到的应该是我的衡气机——维系了阴阳二气宇宙平衡的精神之影响。

　　"可以将绝对者的精神比喻成渊。大致上说，渊分九种，其中最主要的是可产生圆形漩涡的渊、水面平静流动缓慢的渊和流动之水的渊三种。第一种代表着衡气机；第二种代表着杜德机，第三种代表着善者机。这三者虽然有不同于彼此的表现形式，但归根结底皆为渊。在深不可测这一点上，不分伯仲。

　　"你再让他过来一次，这次咱们把剩下的六种'渊'顺次展现给他看，看不把他吓晕过去。"

　　"太冲莫胜"的"冲"同虚，"胜"指相互忍耐。因此两字合在一起后，"莫胜"，就是超克了一切对立矛盾后的状态。"衡气机"的"衡"意为达到平衡或保证了和谐统一。"气"即阴阳二气，是促使一切万物生成变化的二种宇宙源质（关于"气"的详细说明，请参考本书《人间世》）。"鲵桓之审"之中"鲵桓"，在马叙伦的观点看来，是"研旋""礚旋"的假借字，形容漩涡转动。"审"应为"蟠"，蟠意为水深之处（引自晋司马彪之说）。

268

明日，又与之见壶子。立未定，自失而走。壶子曰：

"追之！"列子追之不及。反，以报壶子曰："已灭矣，已

失矣，吾弗及已。"壶子曰："向吾示之以未始出吾宗。吾

与之虚而委蛇，不知其谁何，因以为弟靡，因以为波流，

故逃也。"

次日，列子又请季咸来到了壶子面前。然而不知怎的，季咸还没在壶子身前站稳脚跟，便摇摇晃晃地失去了意识，又突然翻身而起，落荒而逃。"别让他跑了！"壶子喊道。列子闻言便拔腿追着季咸而出，可最终还是没能追上，只得无功而返，向壶子报告说："他消失得无影无踪，不知逃向了何处，最终没能捉住他。"

壶子则对列子说：

"方才我在季咸面前用的，是'未始出吾宗'之相，这是一种与道之根本（宗）相融的混沌之相。我虚化自我之心，随顺对方的自然，立足于万物齐同的境界，忘却一切存在的差别与对立，犹如野草随风飘摇，涟漪顺风而起，用无心的态度站在他面前。因此他无从捕捉到我的本质，随即力不从心，最终落荒而逃。其实，但凡能够体得到真正之道，区区神巫之辈，是绝无可趁之机的，更不要说受他蛊惑了。"

"虚而委蛇"的"委蛇"形容的是弯曲扭动之相。此处指不动声色地模仿迎合对方。"弟靡"的"弟"为颓的假借字。

颓靡一词说的是犹如野草随风飘摇那般，不反抗他人，不凸显自我。"波流"在《列子·黄帝》中作"波随"二字。

> 然后列子自以为未始学而归。三年不出，为其妻爨，
> 食豕如食人，于事无与亲。雕琢复朴，块然独以其形立。
> 纷而封哉，一以是终。

在这一节中，附记了列子在壶丘子林的教化中大彻大悟，成为了真正有道者的后续情况。

经历了季咸事件后，列子愈发意识到自己的学问并非真才实学。他紧揣着这种心情，回到家中。接下来的三年，他闭门谢客，不见任何人，彻底摒弃了内心之中主我性的傲慢与主观的差别观念。他代替妻子亲自下厨，用与人交往时同等的诚意对待家中养的猪。终于，面对任何事他都能尽数舍弃亲疏爱憎等感情偏见了。他洗刷掉一切虚饰与伪善的世俗污染，回归了自己本来的自然，无念无想，如枯木一般让形骸呆然而立。他在容纳了物与我、是与非等一切对立的混沌世界中游戏，将这种境界视作自身的境界，终于迎来了生涯的安然终焉。

"雕琢复朴"是说，如同雕刻玉石那般，刮除一切世俗的污染与人为的虚饰，复归至"朴"，即人类本来内藏于根源之处的自然性。"块然"是独自一人伫立之态。"纷

而封哉”一句应按照《列子·黄帝》的写法，作"纷而封戎"四字。原因之一是"食豕如食人，于事无与亲。雕琢复朴，块然独以其形立。纷而封戎，一以是终"六句句尾"人""亲""朴""立""戎""终"六字合辙押韵。此外，若作"封哉"，则句义也颇为难解（清代李桢之说）。"封戎"同蒙茸，指纷繁杂乱之貌。

六朝之后，大量文献中出现以角试（道法比试）为题材的故事，皆是以壶丘子林与神巫季咸的这段对话为原型的。例如，汉明帝时举行的道士费叔才与沙门摩腾之间的角试，北齐文宣帝时的道士陆修静与沙门昙显的角试等。这些故事（已有研究证实这些故事均为后世捏造创作而来）的作者，也许都是在脑中一边浮现出庄子的这段文章，一边构想出了情节。中华民族自古便对"术"这个字抱有好感，对这种题材的故事有着异常强烈的好奇心。而庄子也通过这样一种故事来为自己的绝对者进行着色，其中反映出的是他作为中国人的强烈特性。即使以这个与众不同的角度来看，这段故事同样在中华民族思想史上有着重要意义。

无为名尸，无为谋府，无为事任，无为知主。体尽无穷，而游无朕。尽其所受乎天而无见得，亦虚而已！至人之用心若镜，不将不迎，应而不藏，故能胜物而不伤。

　　自啮缺与蒲衣子的对话开始，上文共列举了五段故事。庄子借此阐述出绝对者无为自然的政治思想。接下来，庄子用一段寓言式的叙述，总结自己的理论观点，作出如下说明。

　　所谓无为，笼统来看，可以分为"无为名尸，无为谋府，无为事任，无为知主"四种具体形式。"无为名尸"的"尸"是祭祖时作为祖先的象征而坐于祭坛的年幼子孙。不为名之尸，也就是不去成为世间名利之偶像，也就是《逍遥游》中的"圣人无名"。"无为谋府"的"府"指仓库。智谋策略不仅陷害他人，反过来更是会毁灭自己。因此不要让自我之心成为智谋的温床。"无为事任"一句认为，成为一件事的掌权负责之人，只会让生命更加痛苦，让自己成为外物的奴隶。因此还是选择悠然自适的生活吧。"无为知主"与《大宗师》中的一句大致相同，用有限之知来追求无限外物，十分危险，因此绝不能成为这心知的承担者。

　　所谓自然，是指"体尽无穷"——与包容了无限时间与空间的道之绝对性相融；"而游无朕"——与超越了主观的感受的道之无形性相冥合，"尽其所受乎天而无见得"——仅仅保全天道赐予自我的本来面貌，不去设想任何对他物的需求。一言以蔽之，便是"亦虚而已"——就是虚化自己，就是无心。虚——无心——便是绝对者统治的根本原理。

　　"至人之用心若镜"——绝对者的虚我统治，无心政治，

272

最恰当的比喻便是明镜。明镜"不将不迎，应而不藏"——任由事物来去，不掺杂任何自我的主观与恣意，不挽留逝去之物，任其远逝；不迎接新来之物，任之到来。西施的美貌与病人的丑陋，尧舜的圣德与桀纣的凶恶，在明镜之中映出的都仅仅是其本来面目，不夹带任何爱憎好恶之私情。它应接一切万物，不留半点痕迹。因此明镜"能胜物而不伤"——能够将一切存在安排妥当，使其保持自由之态，且不会伤及自身。

对绝对者来说，明镜之"虚"便是自我之心境。

绝对者的统治，即是无为自然的政治。无为自然的政治，即是虚我的统治——无心的政治。

"游无朕"的"朕"与《齐物论》"不得其朕"的朕相同，指痕迹、征兆。"不将不迎"的"将"为送。"胜物"的胜同耐，指忍耐。

南海之帝为儵，北海之帝为忽，中央之帝为浑沌。儵与忽时相与遇于浑沌之地，浑沌待之甚善。儵与忽谋报浑沌之德，曰："人皆有七窍以视听食息，此独无有，尝试凿之。"日凿一窍，七日而浑沌死。

《应帝王》的最后一段故事，是著名的"七窍出而浑沌死"的寓言。这段寓言所得出的结论，不仅是《应帝王》的结论，同时也可看作整部《庄子》的结论。

"南海之帝为儵，北海之帝为忽"——"儵""忽"二字合为一词则有"儵忽"，可见两字同有时间极短之意。寓言中儵为南海统治者之名，忽则统治北海，同时二人还象征着人类转瞬即逝的生命。一次，儵、忽二人分别从彼此海域的遥远彼端出发，在世界的中心——浑沌统治的国家——相遇了。

无须赘言，所谓"浑沌"，便是至大的无序，是将一切矛盾与对立之本身容纳在内的实在本身。

浑沌热情招待了千里迢迢而来的儵忽二人。于是儵与忽短暂的生命便在浑沌的国家——超越了心知概念认识，摒除了差别价值偏见的实在本身之世界之中体验到了无限欢喜。浑沌的热情款待——生命的饕餮盛宴——让儵忽二人感激不已，遂想要回报浑沌的好意。两人绞尽脑汁商量了许久，终于想到了一个绝妙的主意。

"对了，每个人都有目、耳、口、鼻，谓之七窍。人有七窍，故能欣赏绚烂的色彩，聆听曼妙的声音，品尝鲜香的美食，体验安逸的呼吸。然而，唯独浑沌，竟然连一窍也没有。对呀！我们可以帮他挖出一副七窍出来，权当是我们微薄的谢礼呀。"

于是，两人便开始齐心协力，将凿子凿向了浑沌的身体。第一天，他们凿出了一个孔，第二天又一个，第三天再凿一个……如此这般，到了第七天，他们总算凿齐了七窍。浑沌终于有了目耳口鼻，看起来更像是个人了。然而仔细一看，他却几乎只剩下一副空荡荡的尸首了。

这则寓言中，人类自作聪明的虚饰与偏见，使得真实在，也就是一切存在的自然流转被迫窒息毁灭。人类的这种愚蠢受到了庄子的尖锐讽刺。对庄子来说，真实在超越了人类主观的差别偏见，是杜绝一切概念把握的据有极致非合理性的混沌。人类的一切合理思维都无法捕捉到它，它只能通过体验被感知。真实在——道——是矛盾双方的同时存在，也就是《齐物论》中的"两行"，是由一切对立——以其对立之原态——组成的异质性连续整体。若想将这异质性的连续整体展现在人类认识世界，只有两种选择：将其异质性转换为同质；或是斩断其连续性，使之分离为若干个体。换句话说，必须经过某种心知过程——心知的杀戮行为——才能实现。认识恒常以这种对实在的杀戮作为支撑其存在的必要前提。当以鲜活浑沌为具体表现的实在被凿出七窍后，它才真正有可能成为认识的对象。但是，比起认识的统一性与系统性，庄子更注重浑沌的非合理性与无序性。对他来说，重要的是"生"，而并非心知的统一及体系性；重要的是"安稳之生"，并非所谓的认识或理论。因此，比起拥有七窍而选择死亡，庄子式的绝对者更愿意放弃七窍而选择生。比起思辨自我与世界的因果统一，他们更愿意将万籁的声响当作"天籁"聆听。庄子式的绝对者所热爱的，只有生机充沛的浑沌。比起无生命的有序，他们只热爱有生命的无序。

这一点，在绝对者的政治思想中也不例外。绝对者的统治，是"虚之统治""无心之政治"。所谓虚与无心，便是不在浑沌之上开凿打孔的境界。也就是将一切存在解放于赋予其本来之态的自然性之中的境界。他们绝不以人为的规范歪曲自我之自然，不以权力智谋威胁自我的本来状态。正所谓"治大国若烹小鲜"（《老子》第六十章），随着"作为之著"不断翻搅戳刺，锅中之鱼便渐渐不能再称之为鱼了。飞鸟无需教导便懂得振翅高飞，游鱼无需教导便能够潜入水底，人类自然也不需要教导就能享受自我之生。绝对者的统治，就是将高飞的鸟儿放任于天际，任深潜的鱼儿回归大海，让享受自我之人在其自然中得到解放。

强行凿出的七窍，是对浑沌的杀戮。

人类在他们自称的所谓进步与文化之中，给自己凿了太多的孔窍。是与非之窍、美与丑之窍、善与恶之窍、贤与愚之窍、大与小之窍、长与短之窍……现在，人们带着浑身的疮痍，在现代文明之中苟延残喘，几近窒息。人们本来健康的生命在价值的桎梏之下正苦苦呻吟，人们本来坚韧的精神在过度的自我意识中一次次眩晕。现代人之于庄子，是"弱丧而不知归者"——丧失了故乡的可悲之人。所以庄子呐喊："人啊！

你要再次翱翔！""飞翔至九万里的高空；回归生命的故里！"
这生命的故乡，就是自然；回归自然，就是将浑沌当作混沌本
身的热爱。人们全部的悲伤、恐惧与叹息，皆会在这充满生机
之混沌的"无窍"之中，成为"天籁"。于是便有了庄子的解
脱，于是便诞生了庄子式的绝对者。如此想来，庄子哲学被称
为"浑沌氏之术"（《天地》），绝非偶然。

庄子与《庄子》

　　庄子是中华民族的鬼才。鬼才的"鬼"，通常用来形容不同寻常、不正经之物。庄子是中国历史孕育出的最伟大、最不正经的思想家。所以《庄子》中才几乎看不到《论语》的那股笃实温厚的人生智慧，也几乎没有《孟子》的那种理想主义者的坚定论调。《论语》和《孟子》有的是可以直接充当"伦理教材"的风格特点，与之相比，《庄子》则不好说了。

　　孔子和孟子都是成长自正经的世界之中的。所谓正经的世界，指的是常识认同的世界，世俗价值观念占据权威的世界。而这种常识性思考与世俗价值却引来了庄子的阵阵嘲笑。庄子这一笑，素来以严谨著称的孔子也变得迷糊，绝世的美女也成了恐怖的骷髅。当时的圣贤任他折腾，古今的历史在他眼中也变得富有戏剧性，宇宙的真理在他面前则化作一摊屎粪（《知北游》中有"道在屎溺"的写法——小便和粪便中同样存在真理）。他在这折腾、戏剧化、屎粪化之中，高声嘲笑着人生与宇宙的一切。庄子是痛快诙谐的哲学家，是天成的幽默大家。

　　然则他却并非单纯是一个幽默家，也不单纯是一个谐谑的哲学家。他是在谐谑中嘲弄一切事物，与常识与世俗价值背道而驰。他怜悯那些被常识规范所困的挣扎、被世俗价值歪曲的卑微。他的谐谑便是他的叛逆，他的嘲笑便是他的怜悯。他为世俗之人的迷妄而恸哭，同时又放声嘲笑。他一方面蔑视嘲讽世俗之人的虚傲，同时又在对这虚傲的嘲笑之中谐谑。庄子的哲学，便是在这种对世人的蔑视与怜悯中诞生的。

　　有几个哲学家能如庄子这般洞悉人之丑陋、愚蠢、卑微与傲慢？能有几个如庄子这般尝尽世间的黑暗与险恶、脆弱与无常？他是一个伟大的人类学者，同时也是一名社会学家。他周密且冷静地凝视世间之人，精确且切实地观察世俗社会。最终，在这凝视与观察背后，他捕捉到的是一个个被紧紧束缚、动弹不得的生命，是人们不堪的现实。这催生了他的超越。

　　庄子的超越是君临绝对自由的精神世界。精神世界的帝王，其实就是有着不为任何事物束缚的自由生活之人。这意味着对人类最大的悲伤与恐惧——生与死之对立——的超越；对人类最大的迷妄——价值偏见——的超越。

　　人注定会走向死亡。于是人们便从中找到了自身最大的恐惧与悲伤。他们悲伤，因为今日之自我无以维系明日；他们恐惧，因为明日之自我将与永劫的时间相断绝。人类将这种悲伤与恐惧，看作自身存在的起始（生）与终焉（死），为这个问题苦恼不已。在生存的每个瞬间之中产生的断绝之意，犹如焦虑与绝望的苍白泡沫，在生命的深渊中沉浮。

同时，人们还在自己（我）与他（物）的对立中遇到了他们最大的困惑。美貌的他人与丑陋的自己，荣华富贵的他人与贫穷卑贱的自己。他们或是不被世人接纳，故为自己苦苦哀叹；或是不为社会接受，故向社会发出声声诅咒。富与贫、贵与贱、荣与辱、贤与愚、大与小、美与丑……这些现实社会中的存在方式与价值判断，剧烈动摇着人们的内心；贫穷、孤独、耻辱、败亡则痛打着人们的精神。

绝对者超越了这困惑与恐惧。他在对立的根源处将生与死，物与我视为同一。生与死为一，物与我为一，是与非为一，可与不可为一，立足于这样一方"道"——真实在——的世界之人，才是庄子心中的超越者。庄子口中的超越，就是庄子的解脱。《庄子》这本书，揭示的是中国式的解脱逻辑。

那么，写下了这本揭示中国式解脱逻辑之书的庄子，究竟有着怎样的解脱？答曰：人与道，即人与实在的混沌化。庄子的道——实在，指的是"有生之混沌"，也就是包容一切对立与矛盾的至大无序、是超越了人类概念意识的体验。道是鲜活生动的宇宙性影响之本身，而庄子的解脱，便是与这生动的混沌融合，将它仅当作是混沌本身而热爱的境界。人类用心知的差别观念将本为"一"的道——实在——分裂为是与非、美与丑、大与小、梦境与现实、人类与鸟兽。然而，在实在世界之中，是即是非，美亦是丑，大同样是小，梦境也是现实，人类也为鸟兽。同样，人们还用这心知的差别观念，将一切事物用原因与结果的连锁加以划分——将现在归结于过去，将未来归结于现在，将现象归因于本质，将人归因于神。然而在实在世界之中，万象自生，万象自变，不依存于任何事物，不包含任何因果。当本为一体的实在真相被分裂成是与非、美与丑、大与小、梦境与现实时，便会滋生出人们悲哀的惑溺与妄执。当本是自生自化的世间万象，被因果思维洞穿时，人们本该拥有的那份将自己得到的现在，以其本身之态加以肯定的强韧精神便会窒息。因此，庄子式的绝对者让人心的差别观念与实在的"一"相混沌。在将自我与实在混沌化之后，便有了绝对的"一"，便有了无心忘我的境界，便有了庄子式绝对者的解脱。人类的一切惑溺与妄执都将在那里得以解放。人类的一切悲伤与恐惧，都将在那里得到超越。超越者只是将自我虚化在生灭变化的万象自然之中，只是将道法赐予自己的当下，当作自己的当下加以肯定。若这当下是生，便活出坚韧的生命；若这当下是死，便安然接受死亡；若这当下是梦境，便专心享受梦境；若这当下是鸟，便展翅高飞。生、死、梦、鸟，是来自道法的必然。绝对者的自我可以接受必然且肯定必然，这意味着他们的自我高于必然，不仅仅只是单纯的必然。当人能够将一切事物在道——真实在——之中加以肯定，便获得了一切自由。庄子认为，自我的混沌化，指的便是这种将一切在真实在之中加以肯定的过程。庄子式绝对者的解脱，也是将一切在真实在——自然——中加以肯定的过程。

现代人在他们所谓的文明中日益痴呆。那借由人类不知疲倦的思想意识而构建起的现代社会的庞大机制，那永不停歇的好奇心衍生出的翻涌着狂气的煽情主义，那自以为是的价值偏见导致的歇斯底里的自我主张——也就只有那些因为失去了自我而发狂的"文明的奴隶"才会在这样的环境之中仍旧蠢蠢欲动。庄子认为，奴隶不仅限于肉体上的被奴役，精神也同样会成为奴隶。文明的奴隶指的不正是那些用沉重枷锁将自己的精神牢牢束缚、让自己的精神迫于繁重苦役之人吗？现代人几乎已经彻底忘却了纯粹的伟大与朴素的强韧，已经彻底失去了肯定一切事象之本的坚韧"自然"。这些痴呆化的现代人，不正是庄子所说的"弱丧"——丧失故乡的可悲之人吗？对现代人来说，《庄子》会是一本引导他们回归故里——回归人类本来的自我——的书。

《庄子》今本由三十三个篇目构成。

这三十三篇之中，最初的七篇为《内篇》，紧接着的十五篇（骈姆、马蹄、胠箧、在宥、天地、天道、天运、刻意、缮性、秋水、至乐、达生、山木、田子方、知北游）为《外篇》，

282

最后的十一篇（庚桑楚、徐无鬼、则阳、外物、寓言、让王、盗跖、说剑、渔父、列御寇、天下）则列入《杂篇》部分。《内篇》《外篇》《杂篇》三者中，《内篇》时间最早，也是将庄子的思想体现得最为清晰的一部分。相对的，《外篇》与《杂篇》则是对《内篇》的具体内容进行的附加解释，是由汲取了庄子思想之人于后期追加上的，或可称之为是一种二次创作。也就是说，与收录《庄子》最核心的本质内容的《内篇》相比，《外篇》与《杂篇》则是派生部分（详细请参照本文结尾处对《庄子》版本的介绍）。因此，我的这本《内篇》注解之中，主要是对思想内容进行的解说。

《庄子》的作者，也就是庄子（子为尊称），名周。庄周所处的确切时间已不可考，现有的有关庄周的记录之中，时期最早的是汉代司马迁写于公元前 1 世纪的《史记》。而《史记·庄周列传》中仅仅是用"与梁惠王（在位期间：公元前370—前319）、齐宣王（在位期间：公元前319—前301）同时"几字一笔带过，只能推断出他所处的是公元前 4 世纪中期（与那位生活在公元前 384—前 322 的古希腊人亚里士多德基本处于同一时期）。无数现代学者试图通过《庄子》中出现的诸多历史人物来推断庄子的生卒年，但最终也未能得出统一定论。还有另一条线索：曾辅佐梁惠王、梁襄王（在位期间：

公元前 318—前 296 ）的惠施与庄子交往甚密（惠施与庄周这二人的对话，在《庄子》中共计 12 条 ），他在公元前 306 年去了楚国，即梁襄王十三年（《战国策·楚策》）。而几乎可以肯定，庄周是在惠施之后去世的（《庄子·杂篇·徐无鬼》中提到庄周来到惠施墓前悼念；《淮南子·修务训》有则惠施死后庄周因失去了昔日切磋的对手变得沉默寡言的记载 ）。根据推算，惠施应是在前往楚国之后十年左右去世的。那么至少可以猜测，庄周在公元前 300 年左右时仍未离世。至于庄周的出生年，根据现代学者马叙伦的考证，可看作公元前 370 年左右（引自天马山房丛书收录的《庄子年表》）。也就是说，庄子在约公元前 370—前 300 年，度过了一段七八十年的人生。

若庄子殁于公元前 300 年前后，那么他与当时活跃游走在诸国之间的孟子之间的关系，理应受到过一定关注。然而事实上，关于这二人之间的交集，不论是《庄子》还是《孟子》，竟都未曾有过任何提及（先秦文献中均未出现相关记载）。至于其中缘由，学者们也给出了各种观点并加以佐证。其实很有可能只是因为在当时的孟子眼中，庄子并非是一个需要给予过多防备的思想对手；而对庄子而言，孟子也并不能像孔子那样引起他的过多注意罢了。

那么，庄子所处的公元前 4 世纪的中国，是怎样一个社会呢？这段时间在中国古代史中，被称为战国时代，是一个由纷争与屠戮组成的鲜血淋漓的时代。战国时期的历史以七大国为中心浩荡展开，这七国分别是：

秦，以今陕西、甘肃地区为中心的西部大国。战国时代末期秦始皇统一天下，建立了新的王朝。

齐，以今山东地区为主的东部大国，曾由春秋五霸之首齐桓公统治。战国初期——公元前386年——时任相国田和篡位，成为国君。

燕，位于今河北地区的北方大国，战国中期宰相子之曾胁迫国君退位让贤。

楚，位于今湖北、安徽、河南一带的南部大国。以《离骚》闻名的诗人屈原——自杀于公元前278年——的祖国。

韩、魏、赵，国都位于今山西地区，领内涵盖今河南、河北部分地区。春秋五霸之一晋文公于公元前403年遭三名诸侯夺权篡位，晋国三分，赵是其中之一。史家将这场篡位事件看作战国时代的开端。

对这些大国来说，"富国"与"强兵"是重中之重，权力的角逐也以此为目标。对内不断苛敛诛求，对外不断侵略征伐，人们的生活在纷争与杀戮中饱受凌虐，在饥饿与流亡中惨遭玩弄。"今世殊死者（死刑者）相枕也，桁杨者（罪人）相推也""死者以国量乎泽""人之生也，与忧俱生"（《庄子》原句）。这般使人恐惧、绝望不安的社会，便是战国时期的社会。

庄子身处的时代，就是这样一个充满了绝望与不安的时代。他的哲学，是试图超越不安与绝望而诞生的。

《史记》记载，庄周为"蒙之人"。马叙伦先生针对这"蒙"字进行了一番绝妙的考证（天马山房丛书收录的《庄子宋人考》）。他认为，"蒙"是宋国属地（今河南省商丘附近），而宋人的出身背景，对他的生活、思想造成了极大的影响。

武王征商，宋国曾经是殷商人民居住之地。公元前12世纪左右，周民族沿黄河自西北东下，征伐了建都于今河南省东北部的殷朝。惨遭亡国的殷商子民不得不在新政权下重新开始生活。这新政权便是宋。作为被征服者，他们的新生活绝称不上是幸福美满的（在《春秋左氏传》及《书经》中均有针对他们经历的悲惨命运所做的详细记录）。先秦文献中多见以愚蠢之举为题材的笑话，大多是关于宋人的（例如《韩非子》中守株待兔的农夫、《孟子》中揠苗助长的男子等）。这也折射出了他们曾经饱受的屈辱与侮蔑。

但是，不论被征服者如何嘲笑侮辱，宋人仍然拥有这些征服者所不曾拥有过的古老文化传统。古希腊人被古罗马征服，在文化上却反过来影响了古罗马人；北欧的野蛮民族曾支配古罗马，但他们的文化反而受到了古罗马文化的同化。宋人也一样，他们古老的文化，远远优于他们的征服者。而周作为这片土地新的征服者，在拥有了其独有文化后，便在春秋战国时期形成了以宋为中心的传统文化圈，以及以齐鲁为中心的新文化圈这两个对立的主要文化圈。孔孟皆出生在后者，而老庄则是在前者之中成长起来的。

在新兴文化圈中，有着对人类力量的信任与期盼，有着立于"向阳之丘"的光辉理想，更拥有在背后支撑着这一理想的政治现实。然而，以宋为中心的传统文化圈则将虚空的视线凝于人类的无能与理想的脆弱之上，反复咀嚼着历史的失足与认识的险恶。他们置身于"暗谷"之中，有着阴郁的恸哭与隐藏在深处的愤怒。

对他们来说，人生与理想并非以直线相连，而是要一度历经曲折、倒退、倾覆。对他们来说，幸福便是不幸的另一体现，喜悦便是悲伤的另一形式。在他们看来，人无"丧"，便不会有"得"；无"亡"，便无以"存"；无"死"，便无"生"；无"无"，便无"有"。他们憧憬着容纳人类与人类历史的悠久自然；比起前行的飒爽英姿，更加钦佩妥协让步的坚韧精神。这是他们否定哲学与悖论哲学的源头。

庄周在这样的传统文化中出生、成长。他的哲学便是将这暗谷中的睿智作为其精神风土而不断完善成长起来的。

几乎没有现存史料记录有庄周日常的生活。这无疑是他与历史之间"混沌化"的一大体现。现存的《庄子·外篇》与

《庄子·杂篇》之中，有着一些断断续续的逸事。若想借此来勾勒出庄周生活的大致轮廓，也并非毫无可能。例如，妻子去世后，他曾在妻子的遗体前敲盆歌唱（《外篇·至乐》）；他本人在弥留之际，对环于榻前的弟子说"把我的尸体丢进山野去吧"（《杂篇·列御寇》）。另外，生活清贫的庄周衣衫褴褛地来到魏王的宫殿，面对在位者的嘲笑，他凭借着超越者的自由精神予以回答（《外篇·山木》）；有一男子是庄周的同乡，曾在庄周面前卖弄自己的成就，庄周用一句"世间不少荣华富贵，都是用跪舔权力者屁股中长出的痔疮的屈辱换来的"回答了他（《杂篇·列御寇》）。还有，楚威王欲招纳庄周为相，遣使者携厚礼前去拜访，他却回答说："与其成为郊祭的牺牛（用于祭天的祭品），我更喜欢在污渎（肮脏的淤泥）中戏耍"（《外篇·秋水》《杂篇·列御寇》。亦可见于《史记·老子韩非列传》）。问题在于，这些故事反映出的是否是庄周的真实生活？至少我们可以肯定，庄周有妻子、有弟子（《外篇·山木》中记录了一名为蔺且的弟子），过着极为清贫的生活——至少他从未立于任何富贵高位之上。虽然《史记》中记载他"曾经是乡里的一个小官，负责管理漆园"，但这也并未持续多久，恐怕一生之中，几乎都是傲然独立于简陋的小巷之中吧（《杂篇·列御寇》中写道他曾在陋巷之中靠编草鞋为生，因生活拮据，骨瘦如柴，脸色蜡黄）。

也就是说，庄周在世俗中的生活正如他自己所形容的那般，是"污渎中的人生"。但是他有着在这污渎之中嬉戏的能力——在自己的贫穷之中嬉戏、在自己的屈辱之中嬉戏、在自己至亲的逝去中嬉戏、在自己的人生中嬉戏。他的生活，便是他的"游戏"。但这游戏同时也是掩藏在他满身淤泥的生活背后的他的解脱。庄周的超越，是建立在他这段"污渎中的人生"之上的。

庄子经常被人与老子一同提起，并称"老庄"。司马迁在评价庄子思想时也写道，"然其要本归于老子之言"——其本质可归于老子思想（《史记》）。我也与司马迁持有同样看法。但是，我们需要注意到，庄子思想虽然在其产生的历史基础、思想立场上与老子思想属于同一系列，却在几个重要问题上，与老子有着不同。有关庄子思想与老子思想的区别，在本书正文之中也曾有两三处涉及，在这里，我想将他们的差异总结为以下五点。

第一，老子思想的根基在于"清虚以自守，卑弱以自持"，虽主张"处世保身"，却又对政治表现出强烈的关注，对权力有着显而易见的欲求。而庄子却几乎没有任何相似迹象，甚至可以说，庄子对相关内容的阐述，都持有消极的看法。老子常提"民""百姓""国""天下""王""万乘之王"等词，被庄子用一句"予无所用天下为"（《逍遥游》，本书第15页）轻描淡写地就否定了去。因此，老子思想中的圣人拥有的是政治上的理想人格，而在庄子之中，则换成了"至人""神人""真人"等主体性概念。

第二，二者之中关于"道"之概念的解读有着明显不同。在老子看来，"有物混成，先天地生……可以为天下母，吾不知其名，字之曰道"，道是天地万物的根源，是静态的，且是一种本体论的实在。而庄子则认为，"有先天地生者物邪？物物者非物"（《外篇·知北游》），"一虚一满，不位乎其形。年不可举，时不可止；消息盈虚，终则有始"（《外篇·秋水》），道是时刻流转、变化不息的。老子的"复归其根""复归于婴儿""复归於朴""执古之道，以御今之有"等句，无一不在强调回归太古朴素之道。庄子则说，"乘物以游心"（《人间世》，本书第146页）、"安时而处顺"（《养生主》，本书第111页）、"无不将也，无不迎也"（《大宗师》，本书第219页），无时不在强调顺应道的变化而游的重要性。

第三，是二者之间历史观的差异，这与第二点有着密切的联系。老子认为应当复归的是"古之道"，是一种向后看的历史观。庄子则主张"安时"（《养生主》，本书第118页），"与物为春"（《德充符》，本书第186页），"生时乎心"（同上），将获得的当下视为重点，关注的是如何活在当下，是与现实的比拼，是一种向前看的历史观。

第四，是二者关于"无为"这一概念的不同解读。老子的无为，是"不贵难得之货"，是"为腹不为目"，是"人多利器，国家滋昏；人多伎巧，奇物滋起；法令滋彰，盗贼多有"
的无为，是针对外物而言的无为。庄子的无为，是"乘物以游
心"（《人间世》，本书第 146 页），是"相忘以生"（《大宗师》，
本书第 231 页），是"忘己"（《外篇·天地》），是指向内心的
无为，向着无心不断发展的无为。

　　与之相关的，还有另外一点。例如，与老子"知足不
辱""知止不殆""无遗身殃"等对明哲保身的关心相比，庄子则
说"至人无己"（《逍遥游》，本书第 10 页）、"行事之情而忘其身"
（《人间世》，本书第 139 页）、"相忘以生，无所穷终"（《大宗师》，
本书第 231 页），是一种忘生与舍身中的更加高阶的全真。

　　第五，是经常被提及的一点：庄子思想中包含着极为明显
的认识论反思。比如，老子的宇宙生成论主张"道生一，一生
二，二生三，三生万物"，是一种单纯的流出论。相比之下，庄
子则将老子的这一哲学，用"天地与我并生，而万物与我为一。
既已为一矣，且得有言乎？既已谓之一矣，且得无言乎？一与
言为二，二与一为三"（《齐物论》，本书第 64、66 页）的形式，
打磨成了一种精致的认识论思想（关于这一点的详细解释，请
参照本书正文关于《齐物论》的解说）。因此，在进行认识论反
思的过程中，庄子着重斟酌了针对"言"与"知"的反思，这
是一种对认识本身的价值做出的反思。而这对认识本身的反思，
在庄子思想之中，必然会发展为对"道"与"言"、"体验"与

"认识"这二种矛盾对立的思考。一旦道拥有了体验这一层含义，自然会产生重视体验而排斥认识的倾向性。同时，我们也可以从这一点中窥探到，"庄子思想"与那被称为是中国式解脱的最高实践的"禅"之间，在思想史上有着极为紧密的关联。

笼统来讲，春秋战国时期，庄子与老子大致处于同一时期（二者之间仅相差了约百年），且几乎位于宋文化圈的同一地区（老子出生在今河南省鹿邑以东，庄子出生在商丘附近，两地之间直线距离大约六十公里）。在相似的背景之下，二者拥有了同一思想基石。但二者思想的具体性格，却必然存着不同。老子思想更多偏重于处世智慧，庄子思想则倾向于解脱智慧。老子思想致力于解决现世的生活，庄子思想则着眼于绝对的生活。老子思想或是强调与黄帝的相关性，或是将他自己偶像化，多少夹杂着一些俗劣的民间宗教色彩。而庄子则被认为是与世俗偶像化绝缘的思想，有着其独有的威严与奔放。

初次将《庄子》以今本的构造呈现出来的（内篇七、外篇十五、杂篇十一，共计三十三篇），是公元4世纪时西晋的郭象。郭象以前的《庄子》文本的相关记录，虽不甚详尽，仍有一二。公元1世纪，西汉末期，《庄子》共五十二篇（《汉书·艺文志》）；公元前1世纪，也就是庄周死后约两百年，司马迁在《史记》中写道，《庄子》共计十余万言。但是，司马迁

292

所阅的《庄子》已是十分杂乱的版本了（他列举的《庄子》篇目有渔父、盗跖、畏累虚等，现本中并无畏累虚篇，而渔父、盗跖等篇已经在宋代苏东坡《庄子祠堂记》中被证实乃由后人加著。另外，现今的三十三篇本《庄子》的总字数，如果按照续古逸丛书本来计算的话，共计 65213 字）。也就是说，可以推测，在汉代初期，《庄子》一书已经与《庄子》原本差距甚远。至于《庄子》原本到底是哪些内容，众说纷纭，至今尚无定论。不过，自古以来（有确切文献记载的是公元 1 世纪，西汉末期），《庄子》的内容中，《内篇》便被单独列出，与其他部分区分开来了。因此，《内篇》很有可能是最接近《庄子》原本的内容，特别是《逍遥游》《齐物论》两篇，才是最早的《庄子》。关于这一点，学术界大致持相同看法（当然，严格来说，《内篇》之中也不乏一些被认为是后期人为加入的内容。本书正文中在注解时尽量回避，不去论及相关问题，而是将《内篇》全篇当作庄周的原作。只有在内容与庄子思想极为不符时，才稍稍提及此事）。

郭象对古本《庄子》进行删减，形成了今本《庄子》的具体经过，被记录在《庄子注跋语》（出自近期在日本京都高山寺发现的《庄子》抄本卷末附文）以及唐代陆德明的《经典释文·叙录》中。其中写道，汉代古本《庄子》内容无章法，内容粗劣之文将近三成，悉数删之，最终留下三十三篇。可猜想，他所删的几乎都是《外篇》与《杂篇》的内容。郭象所处的魏晋时期（3—5 世纪），是《庄子》最为盛行的时期，也是《庄子》研究最为兴盛的时期。因此，除郭象之外，还有其他几人也制作了各自的删减本（根据《经典释文·叙录》记载，有崔撰二十七篇本、向秀二十六篇本、李颐三十篇本等）。而这些版本都未能流传至今，现存可考的只有郭象的三十三篇本而已。

在现存各版郭象的三十三篇本《庄子》中，时期最早的是近期在敦煌（甘肃省西北部）出土的唐代（7—10 世纪）抄本、苏联发现的北宋吕惠卿（殁于 12 世纪初期）吕观文进庄子义本，日本京都高山寺发现的室町时代¹抄本等。遗憾的是，这些都是残本。保存完整的版本有古逸丛书本、清代黎庶昌于 1884 年（光绪十年）复刻的宋代（9—13 世纪）刊行的庄子版本以及同样是宋代刊行本的复刻本，还有上海商务印书馆在 1929 年出版的续古逸丛书本、上海商务印书馆还将明代（14—17 世纪）刊行的《庄子》复刻为四部丛刊本及道藏本（《四部丛刊》是上海商务印书馆于 1929 年出版的中国古典全书。"道藏"是中国民族宗教道教的书籍总称，其中收录了庄子）。其中，古逸丛书本、四部丛刊本及道藏本均有不少疏漏，只有续古逸丛书本最为严谨精良。因此我在注解时参照的也是续古逸丛书本。

---

1 室町时代，日本史中世时期的时代划分之一，1336—1573。

《庄子》的注解集有很多，首屈一指的，是晋代郭象的《庄子注》。正如前文提到的那样，魏晋时代推崇老庄，曾有过数版删定本《庄子》问世，同样，也涌现出了大量注释注解集。在这之中，郭象的《庄子注》，是公认的集大成者，在思想史上具有极为重要的意义。虽然郭象之解不一定悉数忠实于庄子的原文，但他用杰出的哲学头脑，将庄子思想系统且全面地囊括在内，有着他人无法比拟的深度及犀利（《世说新语》中记载，郭象的《庄子注》抄袭了向秀之注。关于这一点，已有众多考证证明，并不可信。具体内容请参阅拙稿《郭象的庄子注与向秀的庄子注》，收入《东方学报京都第三十六册》）。

郭象之后，唐代时尊崇老子，道教成为国教，庄子也随即获得了"南华真人"之号（唐玄宗天宝元年，公元742年），《庄子》有了别称《南华真经》，被当时的知识阶层广泛阅读（例如李白有诗曰"庄周梦胡蝶，胡蝶为庄周"，柳宗元在《永州八记》中写下对庄子式解脱的憧憬，温庭筠写下"悔读南华第二篇"的名句等）。但唐代并未能留下特别出众的注解作品，大约只有陆德明的《庄子音义》和成玄英的《庄子疏》（进一步对郭象的注解进行解读的作品）算得上是比较受人瞩目的了。

宋朝时《庄子》也受到了较多关注（例如以朱子为集大成者的程朱理学一派学者、在《赤壁赋》及《超然台记》等作品中尊庄子为师的苏东坡、著有《庄周论》的王安石以及为后世留下了

《吕观文进庄子义》的吕惠卿等）。现存的宋代注释集中，最为闻名的是林希逸的《庄子口义》。这本注解内容较通俗浅显，也许正是因为如此，它成为了我国 [1] 德川时代 [2] 大为流行的书目之一。

　　明代最有名的注，是陆西星的《庄子副墨》与焦竑的《庄子翼》(《庄子翼》被收录于《汉文大系》[3] 中）。清代则有林云铭的《庄子因》、陆树芝的《庄子雪》、陈寿昌的《庄子正义》、王先谦的《庄子集解》、郭庆藩的《庄子集释》，等等。其中，《庄子集释》中引用了郭象注、成玄英疏以及陆德明的释文，又援引清朝优秀的考证学研究，是最为便利且最容易入手的本子。民国以后，马叙伦的《庄子义证》见长于字义的训诂考证。近年来则有王叔岷的《庄子校释》、刘文典的《庄子补正》等。

　　我虽然对《庄子》在日本受到的关注情况以及《庄子》的研究现状十分感兴趣，但就现阶段而言，我对此几乎一无所知。平安朝 [4] 藤原佐世 [5] 撰写的《日本国见在书目》中列有大约二十种不同的庄子注释集，所以可以推测，当时应是有不少人

1　此处指日本，下同。
2　德川时代，又称江户时代，1603—1867。
3　《汉文大系》是日本出版的中国古代名篇选集，主要分为明治书院的《新释汉文大系》及《新书汉文大系》，以及集英社的《全释汉文大系》。
4　平安朝，以平安京（京都）为都城的历史时代，794—1192。
5　藤原佐世（ふじわら の すけよ，847—898），日本平安时代前期贵族、学者。著有《日本国见在书目》《古今集注孝经》等。其中《日本国见在书目》是日本最早的汉籍目录。

都在研读《庄子》。镰仓[1]室町时代时，似乎五山[2]学僧须诵读庄子，而从兼好法师引"寿则多辱"（《徒然草》第七段）等句，亦出自《庄子》（《外篇·天地》）这点来看，或可说当年之人亦爱读《庄子》。德川时代朱子理学成为官学，儒家经典成为必读书目，因此相较于经书研究的成果累累，《庄子》研究则相对暗淡，几乎仅有冈松甕谷[3]的《庄子考》、杜多秀峰的《庄子覈玄》、宇津木益夫[4]的《解庄》、帆足万里[5]的《庄子解》而已。明治[6]以后，牧野谦次郎[7]撰写了《庄子国字解》。他的解释虽稍嫌晦涩，但是将全文疏通，旁征博引，不失为一本实用好书。而用哲学的视角透彻地解读《庄子》思想、又条理清晰地套以近代理论加以注解的，还数前田利镰的《庄子》（收录于岩波书店于昭和七年刊行的《宗教的人间》[8]中）。他是一名英年早逝的青年才俊，主修西洋哲学，我在执笔这本注解时仰赖最多的便是他对庄子的种种解读了。

1　镰仓时代，1192—1333。

2　五山，日本全国禅寺中选出的五个规格最高的寺院，此制度来源于中国"五山十刹"。

3　冈松甕谷（おかまつ おうこく，1820—1895），日本幕府末期至明治时期汉学家。著有《庄子考》《楚辞考》等。

4　宇津木益夫（うつぎ ますお，？—1848），日本江户时期医生、汉学家。著有《古训医传》《解庄》等。

5　帆足万里（ほあし ばんり，1778—1852），日本江户时期儒学家、汉学家，著有《四书标注》《庄子解》等。

6　明治时期，1868—1912。

7　牧野谦次郎（まきの けんじろう，1863—1937），日本汉学家，著有《庄子·墨经国字解》《讲经新义》等。

8　昭和七年，即1932年。译文中书名直接引用了日语。

附　记

本书所用的《庄子》原文，大多直接引用自续古逸丛书本。仅有三处，笔者基于其他版本对续古逸丛书本进行了改动（将《人间世》第 147 页的"卫灵公大子"改为"卫灵公太子"；《德充符》第 173 页的"先王之门"改为"先生之门"；《大宗师》第 228 页的"犁往问之"改为"子犁往问之"）。

关于上述解说中引用的老子之言，自古以来已有不少争议，我个人认为，现存的《老子》是汉代初期编纂而成的，恐怕甚至连老子这个人都很可能未在历史中实际存在过（老子二字，本就是一个普通名词，意为"老成之子"，泛指生活阅历丰富且长寿之人）。不过在文中我则顺应了自古以来人们对老子的认识，将他称为是位列于庄周之前的思想家。《老子》的内容成立于汉代，但其中记录的道家真言，则是自古便被传诵的。因此，若将这自古便有的言论视作一个名为老子的特定人物的言论，将这自古流传下来的思想，当作是老子的思想的话，也并非不可能。严格来说，这才是我在前文中拿来与庄子思想作比较的那个老子思想。

后 记

我对中国哲学产生兴趣，甚至下决心钻研这门学问，都要从我与一本书的邂逅说起。这本书便是《庄子》。若没有《庄子》，我可能就不会把中国哲学选为自己的专业了。对我来说，《庄子》是我的学术领域，但又远远不止于此。

我在昭和十七年[1]的九月从大学毕业。走出校园的同时，我被征入伍，五年的军队生活成为了我青春时代的全部记忆。彼时，太平洋战争[2]已经进入末期，战火跨越了玄界滩[3]，横渡了中国东海[4]，在大陆战场的绝望中彷徨。我的身体生来强健，未能拥有"攘臂于其间"的支离疏那般的幸运；然而我的精神却天生怯懦，远不如在妻子灵前"鼓盆而歌"的庄子那般达观透彻。所以我脸色煞白地上了运兵船，怀着满心的恐惧，以一副

1　昭和十七年，公元 1942 年。
2　太平洋战争，第二次世界大战中以日本为首的轴心国和以英美国为首的同盟国于 1941 年至 1945 年期间进行的战争。
3　玄界滩，日本九州西北部的海域。东方接响滩、西是东中国海、北接日本海。
4　原文为"东支那海"，即中国东海。

现在回想起来仍觉羞耻的样子离开了内地。那时候，几本书静静躺在行囊之中，陪伴我远渡——《庄子》《万叶集》、克尔凯郭尔[1]的《致死的疾病》、柏拉图的《斐多篇》。我曾期望《斐多篇》能拯救慰藉我的灵魂，期望《致死的疾病》能治愈我的不安与绝望，期望《万叶集》能给予我生的欢喜与安宁。可战场之上，到处是炮弹的悲鸣、精神的颤栗与灵魂的狂躁，这使得书中的那些睿智与抒情，连带着我的那些肤浅的理解，被悉数打回成一排排空洞罗列的印刷活字。战场一隅的那盏昏暗的煤油灯下，只有偶尔细细琢磨《庄子》的时候，才能让我那懦弱的心，从书中那坚韧的顿悟与豁达里得到激励。在那段生死一线的战地生活里，《庄子》是一本慰藉心灵的书。

停战一年半，我终于再次踏上了故乡的土地。比起当时国内的生灵涂炭，我的生活却似乎还要更加悲凉一些。那时，我打定主意，要重新走上学术之路。年迈的父亲又一次孤零零地站在乡下简陋的站台上，在冬季寒冷的天幕下沉默地目送我离开。车窗外他那沧桑的身影映在我眼中，我不由地想，搞学问真是一件悲伤的事情。而我却整整虚度了五年的光阴，只因求学路上的举棋不定。最后是父亲的骤然离世，狠狠地嘲笑了我

---

1 克尔凯郭尔（Soren Aabye Kierkegaard，1813—1855），丹麦宗教哲学心理学家、诗人。

的无能与懒惰。那一天，是昭和二十六年[1]五月十九日。握着父亲冰冷僵硬的手，眼泪夺眶而出。那是我的前半生中最悲惨的一天。金黄的麦穗在风中掀起阵阵波浪，我从火葬场出来，走在回家的路上，试着在庄子的"笑声"中体会他的悲伤。彻底被生活打垮的我抬头仰望南国五月的天空，微笑……对我来说，《庄子》是教会我在悲惨之中微笑的书。

父亲去世后，我随即在高中任职，开始了在京都、大阪两地往返的日子。即便对于我这种身体健康的人，这也绝不是一份轻松的活计。然而每当沿途的风景倒映在眼中——或是鳞次栉比的房屋，或是连绵不断的森林；急行电车在轰鸣中疾驰的这四十分钟，似乎总能在我的心中留下些许清爽之意。后来，年轻一代生机勃勃的梦想和希望，唤醒了被我一度遗失的青春。我决定在这上天赋予我的境遇之中，用最坚韧的方式，沿着自己的路走下去。虽说与庄子那至高的肯定还有着云泥差别，但在我心中，也渐渐生出了一丝仿若勇气一般的感觉。对我来说，《庄子》是一本赋予我不屈不挠之心的书。

自始至终，我都不认为自己对《庄子》的理解是完全正确且无疏漏的。但是对我来说，除了将自己理解的《庄子》解释清楚之外，也没有什么其他更好的办法了。这些字句解释或

1　昭和二十六年，公元 1951 年。

逻辑推理中那些不甚妥当之处，我愿按照众人的指正，谦虚改正。若是能让读者多少意识到，原来《庄子》还存在这样的一种解读之法，我便心满意足了。最后，如若已逝之人能够感知生者之心，我想谨以此拙著，当作一份迟来的歉礼，献给我去世的父亲。

福永光司

昭和三十年十月一日

于洛东北白川寓所

出版后记

本书原名《庄子内篇》，1956 年由日本朝日新闻社出版发行，此后经历了数次再版，2011 年，又由讲谈社出版。半个多世纪以来，本书受到广大读者的欢迎，经久不衰。

本书作者为日本老庄思想研究泰斗——福永光司，他以全新的广阔视角来解读《庄子》，在哲学观点的透视下，坐忘的子綦和加缪笔下的莫尔索、振翅而飞的鲲鹏和尼采的"超人"，超越了时空的限制，展现出相同的精神特征。在作者细致的解读中，庄子在人性之恶与惨淡现实中找到的那条解脱之道也逐渐清晰。

本书《庄子》原文，大多直接引用自续古逸丛书本，仅有三处，作者做了修改，详见"附记"中的说明。

为了进一步帮助读者理解，本书在编辑过程中添加了脚注，对一些人名、地名、字句等进行详细的解释说明。本书的脚注大部分为译者所加，编者所加脚注标有"编者注"字样。

《庄子内篇读本》与《孟子读本》《论语读本》《老子读

本》《墨子读本》《孙子读本》组成了"讲谈社·诸子的精神"系列，介绍了轴心时代的诸子思想，展现了中华文明的精神底色。

服务热线：133-6631-2326　188-1142-1266

服务信箱：reader@hinabook.com

后浪出版公司

2019 年 7 月

图书在版编目（CIP）数据

庄子内篇读本 / (日) 福永光司著；王梦蕾译. --
北京：北京联合出版公司，2019.8（2020.12重印）
ISBN 978-7-5596-3290-6

Ⅰ.①庄… Ⅱ.①福… ②王… Ⅲ.①道家②《庄子》
—研究 Ⅳ.①B223.55

中国版本图书馆CIP数据核字(2019)第104130号

庄子内篇读本

著　　者：[日]福永光司
译　　者：王梦蕾
出 品 人：赵红仕
选题策划：后浪出版公司
出版统筹：吴兴元
编辑统筹：梅天明
责任编辑：张　萌
特约编辑：王　璐　李夏夏
营销推广：ONEBOOK
装帧制造：墨白空间

北京联合出版公司出版
（北京市西城区德外大街83号楼9层　100088）
北京天宇万达印刷有限公司印刷　新华书店经销
字数170千字　787毫米×1092毫米　1/32　9.75印张
2019年8月第1版　2020年12月第4次印刷
ISBN 978-7-5596-3290-6

定价：42.00元